BOOK SHARING

SHARE YOUR EMOTIONS

Sono partito dall'aeroporto
di Milano Bergamo per girare il mondo!
Leggimi, passami a qualcun altro
e fai continuare il mio viaggio...

*I left from Milan Bergamo airport
to travel the world!
Read me and deliver me to someone else
to help me carrying on my journey...*

TAILOR MADE AIRPORT | BGY B BOOK SHARING

100 cose da fare per arrivare preparati a...

Alessandra Rossi

un viaggio

La valigia, i documenti, il mezzo di trasporto...

GRIBAUDO

100 cose da fare per arrivare preparati a...
UN VIAGGIO

Testi: Alessandra Rossi - Oltrepagina (VR)
Illustrazioni: Irene Tonin

Redazione Edizioni GRIBAUDO
Via Garofoli, 262 - San Giovanni Lupatoto (VR)
tel. 045 6152479 - fax 045 6152440
redazione@gribaudo.it

Responsabile iniziative speciali: Massimo Pellegrino
Responsabile editoriale: Franco Busti
Responsabile di redazione: Laura Rapelli
Redazione: Claudia Presotto
Responsabile grafico: Monica Priante
Progetto grafico e impaginazione: Meri Salvadori
Fotolito e prestampa: Federico Cavallon, Fabio Compri
Segreteria di redazione: Daniela Albertini

Stampa: Arti Grafiche DIAL - Mondovì (CN)

Via Natale Battaglia, 12 - 20127 Milano
www.edizionigribaudo.it

Prima edizione 2010 [6(Ce)]
Prima ristampa 2011 [4(Le)] 978-88-7906-950-2

Sommario

Invito al viaggio 5

Tipologie di viaggio 7

39 La preparazione

La vigilia 67

85 In viaggio

Indice 118

Invito al viaggio

Da soli, con amici o con la famiglia... a poche centinaia di chilometri o dall'altra parte del globo... per un weekend o per un mese... Viaggiare o regalarsi una piacevole vacanza senza lo stress dei preparativi e senza spiacevoli inconvenienti è tutta questione di organizzazione! E di buoni consigli...

Ricordate quando, saliti in aereo per un volo intercontinentale, vi siete accorti di aver lasciato sul mobile dell'ingresso (ci si scorda sempre tutto sul mobile dell'ingresso) quel romanzo avvincente che avevate iniziato? O di quando, tornando dopo quei magnifici venti giorni al mare, avete trovato tutte le vostre piante prostrate al suolo in silenziosa preghiera?

Ebbene, potete dare alle fiamme il mobile d'ingresso e ornare il giardino con orchidee di seta... oppure sfogliare all'occorrenza questo manuale, come una bussola con la quale indirizzarvi in tutte le questioni pratiche della preparazione e del viaggio: quando partire, quale meta raggiungere, come spostarsi e come scegliere le modalità di soggiorno, come fare la valigia... E, ancora, cosa prendere in considerazione viaggiando con dei bambini o con degli animali domestici, come lasciare la casa e il giardino prima della partenza... Insomma, tutto quello che dovete sapere per partire sereni e spensierati e godervi appieno la vostra vacanza!

Tipologie di viaggio

Perché? Con chi?

Che viaggiatori siete?

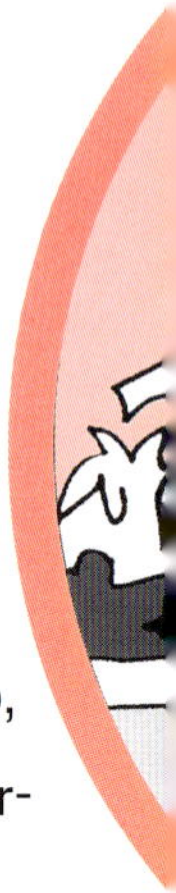

Vi siete mai chiesti perché, almeno un paio di volte all'anno, sentite la necessità impellente di "cambiare aria", di spostarvi, di "staccare la spina" e partire?

Che sia per un viaggio o una vacanza, l'effetto è il medesimo: si intessono animate discussioni con famigliari e amici; si coglie ogni momento in cui il capoufficio è distratto per sbirciare on-line luoghi, voli, alberghi ecc.; ci si sofferma trasognati davanti alle vetrine delle agenzie di viaggi o agli scaffali delle guide turistiche nelle librerie...

Tutti sintomi caratteristici: è arrivato il momento di acquistare questo manuale (che, magari, ora molti di voi stanno leggendo in libreria, scomodamente in piedi, mentre una commessa spazientita li guarda in tralice!) e organizzare la partenza.

Ma ancor prima è necessario compiere un passo fondamentale: capire che tipo di viaggiatori siete. Esistono sostanzialmente due tipologie di viaggiatore: quello "da villaggio" e quello "zaino in spalle".

Il viaggiatore zaino in spalle

- A differenza del precedente, viaggia per lo più per conoscere e per conoscersi e sacrifica volentieri ogni comfort sull'altare della condivisione e della partecipazione.

Il viaggiatore da villaggio

- Non necessariamente alloggia in un resort esclusivo, sorseggiando un drink ai bordi di una piscina e applaudendo masai svedesi con accento siciliano: rientrano nella categoria tutti coloro che in vacanza cercano soprattutto il relax e il riposo, visitano pochi posti, si interessano relativamente alla cultura e alle tradizioni locali e, solitamente, richiedono elevati standard di comfort.

Detto questo, ci sono mille motivi e mille modi per viaggiare, le sfumature sono infinite, ma una cosa è certa: il viaggio è sempre un'esperienza che, se vissuta con serenità e gioia, può arricchire e regalare dei momenti davvero speciali. L'importante è assecondare le proprie attitudini e "ascoltare" il proprio stato psicofisico.
Insomma, a ciascuno il suo viaggio... quello che conta è – quale che sia la vostra scelta – essere organizzati e ben informati. Ma per questo ci siamo noi! Pronti a divertirvi, a sdrammatizzare, ma anche a darvi qualche valido e serio suggerimento...

TEST PSICOATTITUDINALE

Saremo con voi a ogni passo! E per dimostrarvelo, eccoci pronti anche a dirvi chi siete (per il "da dove venite" e il "dove andate" siete pregati di rivolgervi a più altolocate autorità!) e qual è il viaggio che fa per voi. Non dovrete che prestarvi a un originalissimo test attitudinale. Quelli delle riviste che spopolano dalle parrucchiere, per capirci… ma non siate snob: viaggiare significa anche apertura mentale, giusto?

DOMANDE

1

Finalmente vi hanno concesso una settimana di ferie, ma è già Ferragosto, che fate?

A Vi incolonnate con altri dieci milioni di connazionali e raggiungete la spiaggia più vicina: gli alberghi li conoscete già tutti e di certo un posto lo troverete.

B Prendete il primo aereo per Kathmandu.

C Maledite il capo del personale: come si fa a trovare posto ad agosto senza prenotazione?

2

Siete pronti a partire, ma con chi?

A Coi vecchi amici o i famigliari.

B Da soli.

C Con chi vi vuole…

3

Dove alloggerete?

A Albergo o villaggio all inclusive.

B Campeggio, ostello, agriturismo, ma vanno bene anche un igloo o un tipi.

C Pensione (ma potreste pensare a un ospizio).

5

Visiterete...

A Le botteghe di souvenir.

B Monumenti e attrazioni naturalistiche.

C Un parente malato...

4

A tavola ordinate...

A Pasta, pizza (e se suona un mandolino non chiedete di più).

B Cibo locale, meglio se senza carne.

C Semolino.

TEST PSICOATTITUDINALE: RISULTATI

Maggioranza di risposte A

Siete ancora in spiaggia a prendere il sole.

Maggioranza di risposte B

Quando vi fermate un attimo, proviamo a darvi la risposta.

Maggioranza di risposte C

Vi diamo il numero di un ospedale, di uno psicologo o di una casa di riposo?

Turismo responsabile

Abbiamo scherzato e scherzeremo molto in tutte le pagine che seguiranno. Tuttavia ci sono cifre e situazioni che devono far seriamente riflettere chiunque si appresti a compiere un viaggio.

LA DEFINIZIONE

«Il turismo responsabile è il turismo attuato secondo principi di giustizia sociale ed economica e nel pieno rispetto dell'ambiente e delle culture.»

Il settore del turismo conta miliardi di spostamenti annui, per un giro d'affari pari a circa il 10% del PIL globale e all'8% della popolazione attiva occupata. Sono cifre imponenti, che danno tutto il senso del peso che ha questo settore non solo nell'economia, ma anche in termini di rischi ambientali e socioculturali. È chiaro, infatti, che spesso – soprattutto nel sud del mondo – l'impatto è devastante e comporta un profondo e duro impoverimento delle popolazioni locali, del loro territorio e della loro cultura.

WWW.

aitr.org
viaggiemiraggi.org
viaggisolidali.it
wwoof.org

CAMPI DI LAVORO VOLONTARI

I campi di lavoro sono una realtà a cavallo tra il viaggio e il volontariato. Si tratta, infatti, di progetti di volontariato di durata variabile (ma solitamente compatibile con un normale periodo di ferie o di vacanza), che prevedono – a fronte di un impegno lavorativo quotidiano che va dalle 3 alle 8 ore – la garanzia di vitto e alloggio.
L'offerta di campi di lavoro è molto variabile: si va dalla fattoria (in questo settore un riferimento internazionale è il WWOOF, ossia *World-Wide Opportunities on Organic Farms*), che offre ospitalità in cambio di un aiuto nei lavori in campagna, all'associazione internazionale che inserisce i volontari in progetti di rilievo sociale considerevole.
È anche per questo che i campi di lavoro sono un'opportunità per tutti coloro che – armati di buona volontà e di un po' di spirito di adattamento – vogliano impegnarsi concretamente nella società, arricchendo il proprio patrimonio umano, culturale e, spesso, anche linguistico.

Esiste, però, un modo di viaggiare diverso e consapevole, attento alle scelte e alle azioni del viaggiatore e finalizzato all'incontro con gli altri nel segno del rispetto e della disponibilità. Si chiama **turismo responsabile** e molte sono le associazioni che, a vario titolo e secondo livelli e prospettive molto vari, propongono progetti in tal senso: dal "semplice" tour organizzato ai campi di lavoro per ragazzi.

I principi generali del turismo responsabile si possono indicare in pochi, essenziali, concetti:

- rispetto e salvaguardia dell'ambiente, con una minimizzazione dell'impatto di strutture e attività turistiche;
- rispetto e salvaguardia delle culture tradizionali locali;
- consenso informato da parte delle popolazioni locali che ospitano le attività turistiche;
- partecipazione attiva delle popolazioni locali nella gestione delle attività e imprese turistiche;
- condivisione dei benefici socioeconomici con le popolazioni locali.

Viaggi di nozze sostenibili

Ormai da parecchi anni molte coppie arrivano al matrimonio dopo un periodo più o meno lungo di convivenza. Difficilmente avranno bisogno di piatti, tavoli e lenzuola e, quindi, la tradizionale lista nozze trasvola spesso nelle agenzie di viaggio, che offrono un servizio "su misura" a quote (il costo del viaggio è diviso in quote minime) o a pacchetto (il viaggio è simbolicamente diviso in pacchetti singoli di vari prezzi). Una soluzione che permette agli sposi di regalarsi un sogno, partecipandone la gioia con amici e parenti. Ma si può rendere tutto questo ancora più bello, speciale e profondo affidando la lista nozze a un'agenzia di viaggi solidali! Troverete soluzioni pensate specificatamente per i novelli sposi all'insegna del relax e dell'intimità, ma anche dell'apertura verso gli altri e della conoscenza reciproca. Quale miglior viatico per l'inizio di una vita di coppia?

Turismo culturale

Ricordate ancora di quel giorno in cui i vostri genitori – "approfittando" di qualche nuvoletta dispettosa – ebbero la brillante idea di dedicarsi alla visita di chiese e necropoli?
Ed è proprio da allora che lungi da voi l'idea di acquistare una guida storico-artistica e mettere un piede oltre il cancello del vostro villaggio turistico?

Mm... forse questo capitolo non fa per voi e potreste passare direttamente a quello successivo.

Bene! Accompagnati i nostri amici più pigri al loro agognato resort, possiamo parlare dei viaggi culturali, ossia di quei viaggi svolti con lo scopo principale di conoscere un Paese e il suo patrimonio culturale il più possibile approfonditamente e compiutamente.
Un'impresa impegnativa per il "turista culturale", che si aggirerà – armato di enciclopedia – tra musei e monumenti, sottoponendosi a code estenuanti e cedendo spesso alla tentazione di rifugiarsi in una chiesa per... sedersi un po', riposare i piedi fumanti e pensare con invidia al suo "collega" pigro e alle spiagge calde che lo coccolano.
Poveri viaggiatori! Eppure ci sono molti modi divertenti per viaggiare e nello stesso tempo acculturarsi un po'...

ANDAR PER EVENTI

- Un concerto, un festival cinematografico, una rassegna teatrale o, ancora, una fiera o una mostra... molti sono gli eventi che inducono a programmare una vacanza *ad hoc* e - sempre più frequentemente - sono proprio gli enti pubblici e le strutture turistiche locali a proporre dei "pacchetti" convenienti per promuovere insieme territorio e offerta culturale.

- Il nostro consiglio è, quindi, quello di informasi sull'esistenza di queste possibilità presso gli uffici turistici o gli stessi circuiti alberghieri.

TURISMO RELIGIOSO

Eh no, amici... in questo caso non abbiamo scoperto nulla, perché proprio i viaggi dei devoti sono da considerare la prima forma di turismo a memoria d'uomo. Dobbiamo risalire almeno all'antico Egitto – quando i fedeli erano soliti recarsi in pellegrinaggio al tempio di Menfi – per trovare le origini di un fenomeno che permea in profondità la cultura umana occidentale e non solo. Il desiderio di spiritualità è, infatti, talmente radicato nell'animo umano che travalica anche le religioni e rende molti luoghi di pellegrinaggio religioso – primo fra tutti Santiago di Compostela – meta e simbolo di ricerca interiore anche per laici e atei.

Itinerari culturali

- Una frontiera relativamente recente del turismo – almeno nella sua accezione moderna, ossia monetizzata, massificata e omogeneizzata secondo i canoni di tour operator e agenzie di viaggi – è quella che lega un viaggio a un romanzo, un film, uno scrittore, un gruppo musicale ecc.

WWW.

ilturismoculturale.it
movietours.it
turismoculturale.org

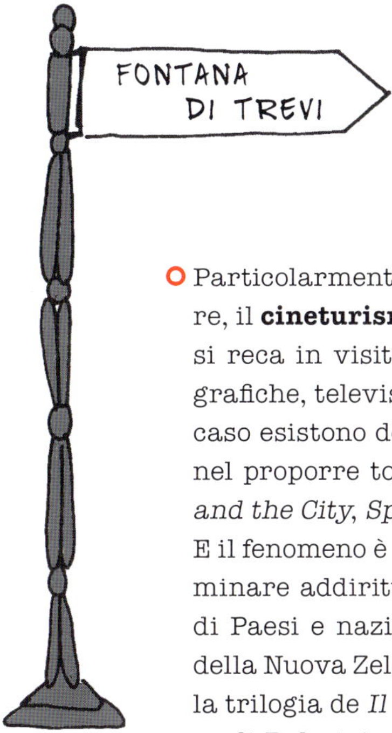

- Particolarmente fervido è, in particolare, il **cineturismo**, ossia il turismo di chi si reca in visita alle location cinematografiche, televisive o pubblicitarie. Non a caso esistono delle agenzie specializzate nel proporre tour guidati sui set di *Sex and the City*, *Spiderman*, *Full Monty* ecc. E il fenomeno è così consistente da determinare addirittura il successo turistico di Paesi e nazioni. È il caso dell'exploit della Nuova Zelanda dopo il successo della trilogia de *Il signore degli anelli* oppure di Balestrino, un piccolo e dimenticato paese in provincia di Savona risorto a nuova vita dopo il successo internazionale del kolossal *Inkheart – La leggenda di cuore d'inchiostro*.

Prima il dovere...

Solitamente associamo l'idea di viaggio a quelle di vacanze e ferie. Tuttavia esistono anche viaggi che non sono propriamente "di piacere", per lo meno nella loro concezione originaria.

Pensiamo, innanzitutto, ai viaggi di lavoro, ma anche alle vacanze studio o, ancora, alle visite a parenti e amici più o meno lontani.

E se può essere agevole trasformare un soggiorno all'estero per motivi di studio o, ancora di più, la visita a dei cari amici in un soggiorno piacevole e ricco di soddisfazioni, meno semplice appare la stessa operazione nel caso di un viaggio di lavoro o della visita a dei parenti (se poi si parla della suocera, non resta che citare il titolo di un film: *Mission: Impossible*, che non a caso ha avuto due sequel...).

In ogni caso, piacevoli o meno, questi tipi di viaggio hanno caratteristiche specifiche che è bene tenere presenti.

Vacanze studio

Molte sono le agenzie specializzate che propongono un ventaglio davvero ampio di soluzioni per chi desidera perfezionare all'estero una lingua straniera (questo è lo scopo principale della maggior parte delle vacanze studio).

Si tratta di "pacchetti" adatti a ogni esigenza e a ogni età: dai corsi business e intensivi per adulti, a quelli per ragazzi con alloggio in college o in famiglia e lezioni di gruppo o individuali. Ma l'offerta non finisce qui e si possono trovare anche:

- soggiorni per genitori e figli;
- soggiorni di studio e lavoro, che offrono un corso di lingua e un'esperienza lavorativa (talvolta retribuita);
- soggiorni di studio e svago, che combinano un corso di lingua con corsi di golf, design, regia ecc.;
- anni scolastici all'estero (con progetti analoghi a quelli universitari Erasmus) e scambi culturali.

Si tratta, in ogni caso, di esperienze che non solo permettono l'esercizio e la pratica di una lingua straniera (soprattutto se si sceglie l'ospitalità in famiglia), ma che costituiscono un'importante esperienza formativa, sia dal punto di vista culturale che da quello caratteriale.

VIAGGI DI LAVORO

Sotto quest'etichetta si celano realtà molto diverse tra loro. In linea di massima si possono, però, distinguere due tipologie fondamentali:

- il **viaggio di lavoro** in senso stretto (conferenze, fiere, congressi, visite ai clienti, supervisioni ecc.) affrontato da imprenditori e quadri aziendali
- e i **viaggi d'incentivazione** per clienti e dipendenti. Questi ultimi possono essere i viaggi premio o i viaggi motivazionali per rinsaldare il rapporto tra colleghi e l'identificazione con l'azienda, ma anche un'operazione di marketing nei confronti della clientela.

In ogni caso esistono agenzie specializzate che organizzano viaggi e soggiorni in ogni dettaglio: un appoggio particolarmente importante per i viaggi d'incentivazione, che hanno, è facile intuirlo, una valenza più emotiva che materiale e vanno quindi programmati in ogni sfumatura.

VISITE AGLI AMICI E AI PARENTI

Archiviamo subito le visite agli amici come normali vacanze di divertimento e piacere e affrontiamo, invece, lo spinoso tema delle visite ai parenti.

Se i parenti sono lontanissimi e/o vivono in paradisi terrestri, inutile dire che sono simpatici per definizione...

Altro discorso è per i parenti stretti, la cui distanza di sicurezza è inversamente proporzionale al grado di parentela: un cugino di secondo grado è innocuo già a cento chilometri, ma una suocera bisognerebbe mantenerla ad almeno un migliaio di chilometri di distanza... E a questo punto, amici lettori, abbiamo studiato per voi uno strumento eccezionale: l'IMP (Indice di Molestia Parentale).

IMP

INDICE DI MOLESTIA PARENTALE

=

grado di parentela
(per i parenti acquisiti considerate il grado di parentela del coniuge e dividete il risultato per due)

X

chilometri di distanza.

Stabilito l'IMP, affrontiamo la questione visite in base al risultato.

- **Maggiore di 500**: dormite sereni perché la frequenza e la durata delle visite sono alla portata di qualsiasi individuo di normale pazienza.
- **Tra 100 e 500**: partite con qualche precauzione, possono essere utili tisane di camomilla e gocce di valeriana.
- **Sotto a 100**: prenotate una visita dal vostro psicologo di fiducia in vista della partenza e sappiate che vi siamo vicini...

Meglio soli che...?

Siete sempre partiti da soli o con il vostro fidato gruppo di amici, mangiando cosa e quando volevate, dormendo quando e devo capitava, guardando chi (e dove) più vi piaceva? Ebbene, cari lettori, continuate così e non rischierete di rovinare vacanze o amori...

VIAGGIO IN COPPIA

... Ma se, spinti da un afflato romantico, avete deciso di armarvi di beauty case (versione maschile) o di carta stradale/navigatore (versione femminile, anche perché i maschietti per una falla di programmazione, si sa, che sono assolutamente impossibilitati a chiedere la strada), non disperate: noi siamo qui per ricordarvi gli indubbi vantaggi del viaggiare in coppia:

- Non pagherete un supplemento single per le soluzioni turistiche (gite, crociere, hotel...);
- ...
- ...
- ...
- ...
- ...

OPS! Ci sfugge qualcosa?

WWW.

fuorirotta-donna.it
jorneywoman.com
permesola.com
womenwelcomewomen.org.uk

IN VIAGGIO DA SOLE

Senza giri di parole bisogna, purtroppo, ammettere che le turiste corrono ancora rischi maggiori rispetto ai loro "colleghi" maschi.
Meglio, quindi, essere ancora più prudenti nel reperire informazioni sulla sicurezza, gli usi e i costumi che troverete arrivando a destinazione.
Non dimenticate che moltissime donne viaggiano sole ogni anno senza incontrare nessun problema e che sono molte le risorse on-line specifiche per trovare informazioni e consigli.

Viaggiare coi bambini

Per molti viaggiare con i figli è sinonimo di stress, di fatica e di rinuncia. Ma vi siete mai detti che potrebbe non essere così, che organizzandovi e programmandovi al meglio e per tempo potreste apprezzare la gioia di scoprire o riscoprire il mondo attraverso gli occhi curiosi dei vostri bambini? "Bastano" buona volontà, pazienza, fantasia, voglia di divertirsi e, come al solito, un po' di organizzazione...

DOVE

- Nella scelta della meta la cosa davvero fondamentale è la salute: se non volete evitare le località a rischio di malattie, parlate dettagliatamente col pediatra e informatevi bene sulla possibilità di trovare una struttura sanitaria adeguata nelle vicinanze.

PRIMA DI PARTIRE

- Coinvolgete nell'organizzazione e nei preparativi del viaggio i vostri bambini. Sarà molto più facile evitare che si annoino se gli permettete di costruire il viaggio con voi, se avete letto con loro le guide e i racconti sui posti da visitare o li avete coinvolti fin dall'inizio nella scelta della località del soggiorno e delle attività da svolgere durante la vacanza.

- Controllate due-tre mesi prima se avete tutti i **documenti** necessari al viaggio. Dal novembre 2009 anche in italia, secondo una direttiva europea, i minori non possono più essere iscritti sul passaporto dei genitori (i documenti già rilasciati fino a quella data sono comunque validi fino alla scadenza) ed è necessario dotare il minore del passaporto individuale o, per i viaggio comunitari, della carta bianca. Informatevi anche sull'eventuale necessità di visti turistici.

- Nell'ambito della comunità europea l'**assistenza sanitaria** è garantita dalla tessera sanitaria europea. Per altri Paesi informatevi presso i Centri di Medicina dei Viaggi (presenti un tutta Italia presso le ASL) sulle vaccinazioni o le profilassi che è prudente effettuare prima di partire, tenendo presente che tempi e forme di intervento per i bambini possono essere diversi rispetto a quelli per gli adulti.

NEONATI IN VIAGGIO

Le esigenze di un neonato in viaggio sono, chiaramente, molto specifiche e meritano un discorso a parte. L'importante è parlare prima col proprio pediatra e organizzare bene viaggio e soggiorno.

- Dotazione base: carrozzina, zanzariera proteggi-carrozzina, borsa con l'occorrente per il cambio, pannolini, vari cambi di vestiti, succhiotti e accessori (o pollice...), occorrente per il bagnetto, mamma con latte (oppure necessario per l'allattamento), bavaglini.

- Informatevi con le compagnie aeree sui limiti di età per l'imbarco dei più piccoli e sulla possibilità e modalità di portare liquidi a bordo, necessari per l'allattamento o per la mamma che allatta.

- In auto attenzione ai colpi d'aria (si consiglia di aprire di un centimetro tutti i finestrini o di moderare l'aria condizionata accesa) e ai colpi di caldo. Evitate di fumare nella vettura ed effettuate numerose soste per far prendere un po' d'aria al bambino, per dargli la pappa e per cambiarlo. Ricordate che fino al primo anno di vita i neonati non soffrono di cinetosi, ossia di mal d'auto.

- Informatevi presso la struttura che vi ospiterà su quali comfort per neonati è in grado di offrirvi.

BAGAGLI

- Informatevi se e come la struttura che vi accoglierà è equipaggiata a ospitare bambini. Sarà più semplice organizzare i bagagli.
- Oltre a vestiti comodi e per ogni occasione e clima, non dimenticate di mettere in borsa il pupazzo preferito e soprattutto... tanta pazienza!
- Passate a trovare il pediatra: il vostro bambino è unico e ogni meta è diversa dall'altra. Non dimenticate, però, cerotti, disinfettante, bende, garze, termometro, antistaminico, antidolorifici, antipiretici, cure per i problemi intestinali... e l'indirizzo della farmacia più vicina.
- Non dimenticate i giochi preferiti del bambino, ma ricordatevi che sarete voi genitori i migliori compagni di gioco.
- Procuratevi generi di conforto per il viaggio: cracker, succhi di frutta, biscotti secchi, omogeneizzati di frutta.

IL CONSIGLIO

Ricordate che, per quante precauzioni abbiate, c'è sempre il rischio che il vostro bambino si allontani: mettetegli in tasca un biglietto con il vostro recapito.

IN VIAGGIO

- Informatevi sugli sconti e sulle offerte di navi, treni e aerei. Spesso le compagnie offrono "pacchetti" molto vantaggiosi per le famiglie.

- Prevenite la cinetosi (mal d'auto, d'aereo ecc.) viaggiando di notte o al mattino, facendo muovere e distrarre il bambino, dandogli qualche snack secco. Nei casi più marcati possono essere utili farmaci anticinetosici, previo consenso del vostro pediatra.

- Dotate voi della consueta pazienza e l'erede di qualche giochino che lo possa distrarre (esistono in commercio anche specifici kit per il gioco e lo svago in macchina).

- In **auto** non può mancare il seggiolino a norma di legge e specifico per l'età del bambino. Se si viaggia con un'auto sprovvista dell'aria condizionata è sempre bene evitare le ore della giornata più calde. Non dimenticate di fare una sosta ogni due o tre ore di viaggio e... di cantare tutti insieme a squarciagola!

- In **aereo** prevenite il fastidio alle orecchie offrendo al bambino il ciuccio, un leccalecca o una bibita per farlo deglutire. Portatelo al bagno prima di salire in aereo. Fatelo sedere vicino al finestrino: per lui sarà molto divertente (solitamente i bimbi sotto i 2 anni non hanno un posto assegnato e viene fornita una speciale cintura di sicurezza all'accompagnatore che li terrà in braccio). Alcune compagnie aeree offrono menu per bambini: chiedetelo al momento della prenotazione e informatevi sulla normativa relativa al trasporto di liquidi. Per lenire l'eventuale jet leg, fate dormire e mangiare il bimbo secondo il nuovo fuso orario.

VIAGGIARE IN GRAVIDANZA

Un gravidanza senza complicazioni non crea nessun problema nella programmazione di una vacanza, soprattutto tra la 16ª e la 30ª settimana, fatto salvo un colloquio con il vostro medico di riferimento e delle norme di prudenza di comune buonsenso.

- Effettuate un controllo medico sia prima, sia dopo il viaggio.
- Evitate di viaggiare in Paesi a basso tenore igienico, tanto più che alcune misure di prevenzione (vaccini, farmaci) non sono consigliate in gravidanza.
- In automobile fate spesso delle soste… del resto il vostro corpo lo pretenderà da solo!
- In aereo informatevi presso la compagnia di partenza: molte non accettano a bordo donne oltre la 35ª settimana, alcune dopo la 28ª e comunque chiedono spesso una documentazione sanitaria.
- Portate con voi tutta la documentazione dello stato di gravidanza.

- In **nave** sarà divertentissimo per i vostri bambini esplorare ogni angolo di questa casa (o palazzo) galleggiante, ma attenzione ai ponti scivolosi e alle scale ripide...

IN VACANZA

- Esponete i bambini al **sole** nelle ore meno calde. Permettete il bagno in mare dopo 3-4 ore dal pasto. Utilizzate creme solari adatte ai bambini da riapplicare ogni 2 ore circa. Evitate le fibre sintetiche e l'assunzione di bevande gassate o ghiacciate; offrite, invece, frutta e verdura fresca a volontà.

- Per qualsiasi attività da condurre all'aria aperta, non trascurate mai di dotare i vostri bambini di un abbigliamento adeguato, compresi, dove necessario, gli accessori per la sua sicurezza.

- Attenti ai **colpi di calore**. In presenza di crampi muscolari, mal di testa e vertigini spogliate il bambino e portatelo in un ambiente fresco e ben ventilato.

I DIRITTI DEL BAMBINO IN VACANZA

- Diritto al **rispetto**: dei ritmi biologici e degli interessi connaturati all'età (considerate che prima dei 3-4 anni un bambino non è ancora in grado di apprezzare i luoghi e le situazioni in cui viene condotto e, del resto, un adolescente ha una grande esigenza di socializzazione, per cui sarebbe sempre opportuno garantirgli una vacanza in cui abbia anche la possibilità di stare in compagnia di coetanei).
- Diritto al **gioco** e al **riposo**.
- Diritto... ai **genitori**: sfruttate l'opportunità di passare più tempo insieme: per i più piccoli è importante il contatto fisico con i genitori, per quelli più grandi giocare, parlare e avere ascolto.

WWW.

ferroviedellostato.it
italia.gov.it
quantomanca.com
salute.gov.it

Viaggiare con animali

Ricordate del gatto Fufi che, soffrendo di cinetosi, venne trasportato in Sardegna con tanto di anestesia e di staff medico? Se siete tanto tirchi da non voler spendere dodicimila euro (questa la spesa affrontata dai "genitori" di Fufi) per trasportare il vostro animaluccio con tutti i comfort... allora dovete, almeno, organizzarvi per tempo! A parte i paradossi, quando si decide di partire con il proprio animale è bene, davvero, organizzarsi almeno un paio di mesi prima, innanzitutto per scegliere un'adeguata struttura ricettiva e poi per organizzare il viaggio e le eventuali vaccinazioni.

WWW.

dogwelcome.it
salute.gov.it

- Se ci si reca all'estero, è opportuno prendere informazioni (al servizio sanitario o ai consolati) sulle norme sanitarie richieste (vaccinazioni, certificati ed eventuale quarantena) relative al Paese che si vuole visitare. Tali obblighi variano da Stato a Stato e possono valere anche nei Paesi di semplice scalo aeroportuale.
Per l'espatrio è di solito obbligatorio sottoporre l'animale alla vaccinazione antirabbica almeno un mese prima della partenza.

- È comunque consigliabile portare sempre con sé il libretto sanitario del fedele amico a quattro zampe.
- Indipendentemente dalla meta, laddove le vaccinazioni non siano esplicitamente obbligatorie, è importante proteggere il cane o il gatto dalla potenziale aggressione di eventuali agenti patogeni presenti nel territorio di destinazione.

Nota bene

Attenti agli scali: informatevi bene se il vostro viaggio aereo prevede uno scalo, perché l'animale può essere bloccato nel Paese di transito per eventuali controlli sanitari o addirittura per il fermo della quarantena.

- Il mal d'auto (o cinetosi) è un problema più diffuso di quanto si possa pensare per i cani, soprattutto cuccioli. Esistono ora anche farmaci efficaci, sicuri e privi di effetti indesiderati, da somministrare prima del viaggio. Prima vi invitiamo, però, a provare con semplici accorgimenti come aeare l'abitacolo, evitare temperature troppo basse o troppo alte, fare alcune soste, rassicurare il vostro cuccioletto...

Viaggio e handicap

Nel caso in cui "bisogni particolari" – esigenze alimentari, ambientali, di accessibilità ecc. – impongano per voi o i vostri compagni di viaggio particolare prudenza prima di intraprendere un viaggio, vi suggeriamo qualche accorgimento.

WWW.

accaparlante.it
disabili.com
mondopossibile.com

- Verificate tutti i servizi accessori e supplementari che, a seconda dei vostri bisogni, dovete necessariamente trovare durante il viaggio e il soggiorno.

- Appoggiatevi a una buona agenzia anche per sfuggire a pericolosi inghippi tecnici, nascosti spesso dietro sigle o formule di difficile decifrazione (per esempio prenotando un biglietto aereo quale differenza corre tra una classificazione WCHC e una WCHS?).

- Mettete in valigia anche un po' di pazienza, di tenacia e di spirito d'iniziativa: talvolta aiutano a superare i piccoli ostacoli.

- È, comunque, importante far mettere sul contratto d'agenzia i vostri bisogni e avere un documento che vi tuteli in caso questi non venissero rispettati. Ogni agenzia seria non avrà problemi ad accordarvi il servizio!

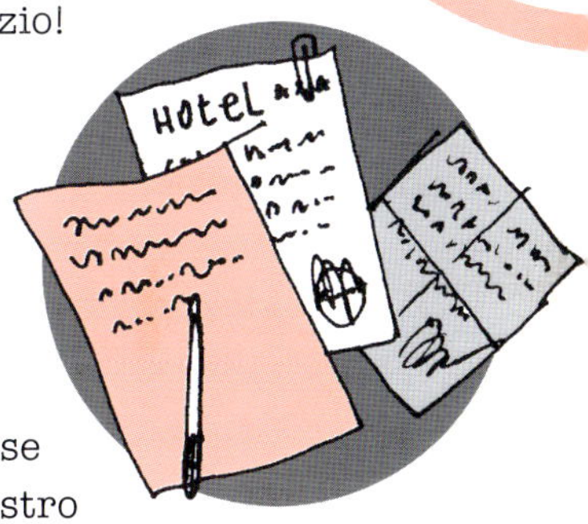

- Nel caso non venisse rispettato un vostro diritto o non vi venisse fornito un servizio per cui avete pagato, scrivetevi orari, misure, luoghi, nomi ecc. Può servirvi in caso di contestazione!

- Pretendete di pagare solo i servizi di cui potete usufruire, chiedendo un eventuale sconto sul prezzo.

La preparazione

Il viaggio

La burocrazia

Dove e quando

Un po' di tempo fa il portale hotels.com pubblicò le più clamorose gaffe turistiche riferite dagli operatori del settore. Tra le altre, vale la pena ricordare quel turista che, soggiornando nei pressi di Aosta, chiedeva dove fosse la spiaggia più vicina, convinto di essere in una località balneare.

Dando fiducia ai nostri lettori, evitiamo il "prezioso" consiglio di scegliere una località costiera (trascurando possibilmente i Poli) qualora volessero munirsi di ciambella e sguazzare felici nelle acque salate del mare. Qualche "dritta" può, tuttavia, essere utile...

Stabilito, infatti, lo scopo del viaggio, ci sono dei fattori fondamentali per scegliere la destinazione e il periodo. Innanzitutto il budget a vostra disposizione e le condizioni climatiche.

IL BUDGET

- Se siete costretti a partire in “alta stagione”, potreste considerare di abbattere i costi scegliendo una località meno turistica.
- D’altra parte, potendo scegliere il periodo della partenza, potreste considerare un soggiorno “fuori stagione”, riuscendo a risparmiare e a evitare l’affollamento eccessivo, anche nelle località più turistiche.

NOTA BENE

Nella scelta della vostra destinazione non trascurate mai la situazione sanitaria e socio-politica dei Paesi che intendete visitare.

IL CLIMA

- Non potendo scegliere il periodo delle vostre vacanze, scegliete la vostra destinazione valutando attentamente il clima che potrete trovare.
- Considerate la situazione climatica della località di destinazione per scegliere il periodo migliore del viaggio. Può essere spiacevole trovarsi ai Tropici nel periodo dei monsoni, ma è anche vero che l’aurora boreale potrebbe ripagarvi dal freddo intenso dei Paesi nordici anche in inverno.

Le idee chiare sullo scopo del viaggio (cultura, relax, divertimento), sul budget da investire, sul clima che volete trovare renderanno la scelta della destinazione e/o del periodo del vostro viaggio estremamente agevole. Tutte queste informazioni sono facilmente reperibili con una breve ricerca online e/o sulle guide turistiche.

WWW.

azonzotravel.com
dovesiamonelmondo.it
paesionline.it

Scegliere la struttura

Bene! Guidati dai nostri preziosi consigli ora avete deciso che tipo di viaggio farete, con chi lo farete e sapete perfino dove andare e quando partire. Ma, cari lettori, se noi siamo ancora qui a dispensare la nostra sapienza ci sarà pure un motivo (oltre a quello di riempire la pagine di questo manuale…): avete ancora bisogno di noi, perché è il momento di scegliere la struttura dove alloggiare!

La scelta è strettamente legata alla tipologia del viaggio, ai compagni di viaggio, ma anche a gusti e desideri personali. È chiaramente poco opportuno affittare un intero appartamento per un week-end o un breve viaggio di lavoro, ma può essere molto comodo (e conveniente) se si risiede più giorni in un unico posto e se si viaggia con tutta la famiglia.

D'altra parte un albergo è l'ideale per chi in vacanza non vuole nemmeno la "preoccupazione" di uscire a cena o ha solo bisogno di un letto e di un bagno. Può essere, però, molto piacevole soggiornare in un bed & breakfast o in un agriturismo, trovando generalmente un rapporto qualità/prezzo migliore rispetto a un albergo; tanto più che, oggi come oggi, queste strutture offrono tutti i comfort e, tal-

volta, anche un servizio di pasti interno o presso locali convenzionati.
Vediamo, allora, con una rapida carrellata le varie possibilità che hanno i nostri viaggiatori per riposare le loro stanche ossa!

ALBERGO

- Strutture composte da una reception con camere di diversa tipologia (singola, doppia di base, ma anche tripla, superior, suite ecc.). Sono forniti di sala ristorante per servizio di prima colazione (BB), mezza pensione (HB) o pensione completa (FB).
- In base ai servizi accessori (piscina, ristorante, parcheggio, climatizzazione, televisore in camera ecc.) vengono assegnate le **stelle** per la classificazione (da 1 a 5).

- Particolarmente interessante è l'esperienza degli **alberghi diffusi**, ambienti che, pur mantenendo tutti i servizi di una struttura alberghiera, si collocano nelle dimore di borghi e centri storici, contribuendo alla rinascita di località spesso semi o completamente abbandonate.

RESIDENCE

- Struttura unica o formata da più edifici e/o case indipendenti all'interno di una sola proprietà destinata all'attività turistico-ricettiva, con servizi centralizzati (reception, piscina, spazi comuni ecc.).

- Ogni appartamento/casa/bungalow deve disporre di angolo cottura autonomo. Categoria non soggetta a obbligo di ristorante.

AGGIUNGI UN POSTO A TAVOLA

Siete alla ricerca di un'alternativa al classico pernottamento in strutture ricettive "ufficiali"? Potete ricorrere alla cara e vecchia ospitalità! Recentemente, infatti, sono nate su Internet delle comunità per offrire e richiedere ospitalità in ogni angolo del globo a persone del posto (Couchsurfing e Hospitalityclub sono le più famose), e che contano ormai milioni di associati, da New York all'Antartide. Ogni iscritto ha una pagina con tutte le informazioni personali e i giudizi ricevuti da chi è stato ospitato in passato (a volte centinaia di persone): sicuramente è un modo per conoscere gente del posto e stringere nuove amicizie! Ricordate, comunque, che andate ospiti in casa altrui, per cui presentarsi con un bel regalino, magari "Made in Italy", è sicuramente molto apprezzato!

BED & BREAKFAST

- Letteralmente "letto e colazione", è la soluzione ideale per chi ama le atmosfere familiari anche in vacanza. Sono dotati in genere di camere (solitamente da una a tre) – con bagno privato (spesso in camera) o in comune – all'interno o nei pressi dell'abitazione dei proprietari.

- Vengono garantite la pulizia quotidiana della camera e dei bagni, la fornitura della biancheria da bagno e la prima colazione, spesso con prodotti tipici della zona.

AGRITURISMO

- Soggiorno in aziende agricole che destinano alcune stanze all'ospitalità turistica. Si tratta di camere o appartamenti all'interno di un casale rurale o annesse a un'azienda agricola attiva.
- Generalmente offrono pasti prodotti con materie prime dell'azienda, pulizia dei locali e cambio biancheria da letto e da bagno almeno una volta a settimana.

WWW.

couchsurfing.com
hospitalityclub.org

CAMPEGGIO

- Area verde attrezzata con bagni, docce, attacchi idrici e allacciamento elettrico con piazzole per camper, roulotte o tende. È un'ottima soluzione per una vacanza a contatto con la natura e all'insegna della socializzazione. Alcuni campeggi dispongono anche di servizi accessori quali minimarket, aree di ristoro e di svago.

NOTA BENE

Attenzione ai prezzi dei campeggi: potrebbero non essere convenienti come si tende a pensare!

OSTELLI

- Sono l'ideale se si ha l'intenzione di viaggiare per il mondo di città in città con un budget limitato, ma tanta voglia di socializzare e fare nuove esperienze.
- È bene, comunque, sapere che gli ostelli non sono sempre dei semplici dormitori per giovanotti all'avventura: spesso, pagando un po' di più, si possono avere anche stanze private con bagno.

Viaggio organizzato o fai da te?

Ci taccerete di essere noiosi, ma anche in questo caso la soluzione migliore è di adattare la scelta alla tipologia del viaggio.

Per un fine settimana in un città europea, per esempio, è molto agevole e conveniente prenotare da soli viaggio e soggiorno. D'altra parte, se sognate da sempre un lungo viaggio in Sudamerica, ma conoscete a stento quattro parole di inglese, tre di spagnolo e una di portoghese e il vostro viaggio più lungo è stato finora il tour della Sicilia, in questo caso – anche per l'egoistico motivo di non avervi sulla coscienza – vi consigliamo caldamente di affidarvi a un tour operator. Detto questo, può essere certamente divertente anche cambiare abitudini. Vi siete sempre arrangiati col "fai da te", insofferenti come siete a orari e percorsi prestabiliti e maldisposti nei confronti dei resort esclusivi (i resort sono sempre esclusivi!)? E allora non sarebbe divertente regalarsi un bel soggiorno last minute in un villaggio turistico (all inclusive si intende!) zeppo zeppo di vostri connazionali che ballano salsa e merengue e passano le giornate sorseggiando cocktail ai bordi di una piscina da sogno (se i resort sono esclusivi, non vorrete che le piscine non siano da sogno...)? Pensateci: nessun volo da prenotare, nessun itinerario da decidere, nessun albergatore da supplicare alle 3 di notte perché, dopo dodici ore di viaggio, vi faccia dormire in un letto o qualcosa di simile... Niente: tutto pronto, stabilito, organizzato! E poi, un po' di flessibilità: nessuno vi costringerà a fare acquagym e ad applaudire lo spettacolino folcloristico della sera... Ok, non vi abbiamo convinti, ma poi non lamentatevi se dalle vacanze tornate più stanchi di prima e siete costretti a dire in giro che – «però» – avete riposato la mente!

Nota bene

Prima di partire per un Paese straniero ricordatevi di registrarvi su dovesiamonelmondo.it, sito a cura dell'Unità di crisi del Ministero degli esteri.

Se non abbiamo convinto i nostri lettori più avventurosi, sicuramente abbiamo stuzzicato la voglia di vacanza dei nostri amici fedelissimi di last minute e villaggi turistici. Ma esortiamo anche questi a provare "brividi" nuovi e, magari solo per un fine settimana, a organizzare da soli una vacanza: potrebbe essere divertente decidere dove andare a cena e scoprire che, anziché il braccialetto, vi serve la carta di credito!

Scherzi a parte, qualsiasi siano le vostre preferenze e le vostre aspettative prima di una partenza, ricordatevi che la priorità è sempre la stessa: abbiate "buon senso". Non rischiate di trovarvi in situazioni spiacevoli o pericolose per il mero gusto dell'avventura e non privatevi, del resto, della possibilità di conoscere posti e modi di vivere diversi per pura pigrizia, a volte uscire dagli schemi ordinari può essere sorprendente, soprattutto in viaggio!

WWW.

dovesiamonelmondo.it

Prenotare

Bene! Che siate fedelissimi o neofiti del "fai da te" siete nel posto giusto! E noi non vediamo l'ora di fugare ogni vostro dubbio e di dare una risposta a ogni vostra esigenza. Ovviamente, si fa per dire: anzi, il primo consiglio è di non credere a baggianate come questa!

Il secondo, più pregnante, è quello di procurarsi, prima di prenotare, una guida turistica del posto che visiterete: ci sono guide dal taglio pratico che sono spesso una miniera di utili consigli anche dal punto di vista organizzativo.

AEREI, NAVI ECC.

- Per quanto riguarda i voli aerei vi consigliamo di consultare amadeus.net, dove sono disponibili quasi cinquecento compagnie, per una copertura di oltre il 95% dei voli di linea.
- Durante la vostra ricerca non abbiate fretta: talvolta, cambiando leggermente le date, potrete risparmiare e fare ottimi affari.

STRUTTURE RICETTIVE

- Nella ricerca di un hotel ci si può affidare a realtà molto grandi, con una scelta vastissima e che offrono spesso tariffe migliori di quelle praticate prenotando direttamente l'albergo. Una buona risorsa è l'olandese booking.com, che offre una varia scelta di sistemazioni quali camere in piccoli hotel a conduzione familiare, catene alberghiere, hotel aeroportuali, motel autostradali, hotel di categoria elevata oppure economici.

NOTA BENE

Se vi siete affidati a un'agenzia di viaggi e state già saltando al capitolo successivo, abbiate un attimo di pazienza e ascoltate un saggio consiglio: occhio alle agenzie e ai tour operator cui vi affidate. Informatevi bene sulla loro solidità e serietà!

- La soluzione più "semplice" – armati di un po' di spirito di adattamento, di una buona guida turistica e del necessario per il campeggio – è partire senza prenotare gli alloggi e di occuparvene direttamente sul posto. Avrete l'indubbio vantaggio di una maggiore libertà di movimento, compensato dal rischio di "perdere" qualche ora della vostra vacanza. Adattate la scelta al periodo della partenza, alla zona in cui andrete e alla tipologia del viaggio. Vi consigliamo di scartare questa opzione per le località molto turistiche in alta stagione (e fuori stagione... quando molte strutture potrebbero essere chiuse), ma anche di assicurarvi un alloggio per i giorni del vostro arrivo e della partenza (soprattutto se non viaggiate con mezzi propri).

NOLEGGIO AUTO

- Per uno o due giorni conviene spesso trattare sul posto, ma se si deve pianificare un viaggio più lungo o si hanno esigenze specifiche (come consegnare il mezzo in un'altra città o avere a disposizione determinati optional), è bene effettuare la prenotazione in anticipo direttamente presso le compagnie, spesso con notevoli risparmi.
- Prestate molta attenzione alla copertura assicurativa prevista e alle franchigie applicate.

WWW.

amadeus.net
booking.com
expedia.it
opodo.it
venere.com

VIAGGIO E WEB

Abbiamo distinto, per semplicità, tra viaggio "fai da te" e viaggio organizzato tramite agenzia. Oggi, tuttavia, soprattutto grazie a Internet, la realtà è sempre più fluida e le possibilità sono molteplici. Tramite web si possono, infatti, trovare anche "pacchetti" vacanze completi, offerti da realtà serie e conosciute a livello internazionale. E gli stessi tour operator agiscono, ovviamente, anche on-line, rendendo spesso superfluo – non fosse per quel contatto umano che non perde mai valore e importanza – il passaggio dell'agenzia.

Partire informati

Informatevi, informatevi, informatevi! È questo il consiglio più utile che possiamo darvi.
Siate informati sui documenti necessari al viaggio, ma anche sugli usi e costumi dei Paesi che visiterete, sulle principali attrattive turistiche, sulle abitudini quotidiane della popolazione, sugli orari di apertura dei negozi, sulle festività nazionali, sulle abitudini alla guida, sulla situazione e i costi dei mezzi di trasporto pubblico.

I mezzi a disposizione, dalle guide alle risorse on-line, sono moltissimi e alla portata di tutti. Difficilmente troverete una guida esaustiva sia dal punto di vista pratico che da quello "turistico", ma – anche qui – la scelta dipenderà dal tipo di viaggio che farete. Se il vostro è un viaggio organizzato vi sarà poco utile una guida sul genere delle Lonely Planet, Routard ecc. e potreste optare per una delle molte guide storico-artistico-naturalistiche in commercio. Del resto, se partite "all'avventura", sapendo solo la zona e il periodo del viaggio, vi serviranno prima di tutto informazioni pratiche.

NOTA BENE

Perché non leggere, prima di partire o durante il tragitto, anche della buona letteratura di viaggio? Insomma, perché non vi regalate la gioia di percorrere qualche polverosa via australiana abbracciando **LE VIE DEI CANTI** di Bruce Chatwin... per esempio?

Diamo di seguito alcune indicazioni sulle caratteristiche delle più importanti guide internazionali, ricordandovi di fare attenzione all'anno di aggiornamento della guida e di munirvi, se necessario, anche di un dizionario, di un frasario essenziale e di cartine stradali aggiornate (o navigatore satellitare).

ROUTARD

Sono per viaggiatori indipendenti e giramondo. Il mitico marchio del globetrotter caratterizza queste guide informatissime e sempre aggiornate, ispirate a ecologia, rispetto per le culture, gusto dell'avventura.

LONELY PLANET

Perfette per il viaggiatore disorganizzato in quanto dettagliate, esaustive e ricche di cartine e mappe, hanno un'ampia sezione informativa sul Paese, una sezione linguistica, una sulla salute e una sulla sicurezza in viaggio. Si trovano anche suggerimenti di itinerari. Ci sono più di seicento titoli su ogni angolo del pianeta, tradotti in numerose lingue e sempre aggiornati. Risentono talvolta un po' troppo della visione e del vissuto dei loro autori.

GUIDA VERDE MICHELIN

Riporta i luoghi d'interesse in ordine alfabetico, evidenziandone l'importanza su una mappa. Ha ottime cartine, ma lascia poco spazio a informazioni pratiche e meno "istituzionali".

WWW.

baedeker.com
fodors.com
lonelyplanet.com
routard.com
viamichelin.it

FODOR'S

Sono guide americane particolarmente utili per un viaggio negli Stati Uniti; sono in bianco e nero, ma molto pratiche e ricche di informazioni, consigli, indirizzi, cartine dettagliate e danno indicazione di servizi suddivisi in base ai prezzi.

BAEDEKER

Guide tedesche di facile consultazione, descrivono gli aspetti principali di interesse storico, architettonico e culturale del Paese, fornendo anche indirizzi utili e un buon numero di informazioni pratiche.

Documenti e assicurazioni

A questo punto affrontiamo la parte più "noiosa" del viaggio, o meglio della sua preparazione... quella durante la quale potreste anche rimanere intrappolati nella rete – ben più vetusta e naftalinica rispetto all'ariosa e scattante World Wide Web – della... Burocrazia! (a questo suono non vi sembra quasi di sentire il nitrire dei cavalli di *Frankenstein Junior*?)

Ma fatevi coraggio, mettete questo manuale in tasca (non vi sarà risolutivo, ma ognuno ha il suo ruolo!) e partite per espugnare, a suon di moduli e scartoffie varie, la roccaforte della... Burocrazia!

D'accordo, forse stiamo esagerando un po'... pur tuttavia una sana abitudine (oltre alla mela al giorno di nonnesca memoria) vorrebbe che iniziaste a informarvi e ad affacendarvi per questi preparativi con qualche mese di anticipo!

Il primo passo è conoscere la situazione del Paese, o dei Paesi, che si visiteranno e, quindi, controllare se avete tutti i documenti necessari al viaggio, la loro data di scadenza (con validità residua conforme alle richieste del paese di destinazione) o quali dovete procurarvi. La via più veloce è certamente accedere al sito viaggiaresicuri.mae.aci.it (i cui contenuti sono accessibili anche telefonando allo 06 491115).

CARTA D'IDENTITÀ

- Se valida per l'espatrio, consente ai cittadini italiani di recarsi in tutti i Paesi UE più Andorra, Malta, Principato di Monaco, Liechtenstein, Norvegia, Svizzera e Turchia (per questo Paese è necessario, però, esibire un visto oltre alla carta di identità).

- Il documento deve essere valido per il periodo del viaggio.

WWW.

europassistance.it
mondial-assistance.it
poliziadistato.it
viaggiaresicuri.it

PASSAPORTO

- È ammesso in tutti i Paesi riconosciuti dall'Italia.
- Deve avere una validità residua di almeno 6 mesi.
- La domanda per il **rilascio** e il **rinnovo** può essere presentata su apposito modulo presso la questura, l'ufficio passaporti del commissariato di pubblica sicurezza, la stazione dei carabinieri, l'ufficio postale o l'ufficio comunale del luogo di residenza o di domicilio.
- Il passaporto ha dal 2003 validità decennale.
- Per i minori si consulti la parte relativa nel capitolo dedicato al viaggio con i bambini.
- Dal 12 gennaio 2009 chi si reca negli USA per affari e/o turismo, per soggiorni inferiori a 90 giorni (si deve essere già in possesso del biglietto di ritorno), può viaggiare senza visto richiedendo un'autorizzazione al viaggio elettronica.

VISTI

- In molti Paesi, oltre al passaporto, serve un visto d'ingresso. Informatevi presso i consolati.

ASSICURAZIONI

- Molte compagnie di trasporti e talune carte di credito prevedono una copertura assicurativa per i vostri viaggi all'estero.
- Informatevi anche sulla copertura della polizza personale di responsabilità civile e su quella della vostra automobile.
- Molte compagnie offrono ormai assicurazioni viaggio altamente personalizzabili, che possono includere la copertura per il bagaglio e le spese di annullamento, l'assicurazione contro gli infortuni o le eventuali malattie, un libretto di assistenza internazionale ecc.

Salute

Prima di intraprendere un viaggio, e soprattutto prima di recarsi in Paesi tipicamente endemici per alcune malattie, bisogna conoscere esattamente le vaccinazioni che si devono effettuare in vista della partenza (informatevi presso i Centri di Medicina dei Viaggi delle unità sanitarie locali). Alcune sono obbligatorie per legge, altre sono altamente raccomandate dall'Organizzazione Mondiale della Sanità, altre ancora sono consigliabili in determinate circostanze.

Il piano delle vaccinazioni si stabilirà in accordo con il proprio medico e la struttura di riferimento in base alla presenza di bambini, alla durata e al tipo di viaggio, nonché allo stato di salute precedente la partenza. In Italia, durante l'infanzia, vengono praticate le vaccinazioni contro: poliomielite, difterite, pertosse, tetano, epatite B (obbligatorie) e morbillo, rosolia, parotite, *Haemophylus* (consigliate): la maggior parte dei viaggiatori non avrà quindi bisogno di ulteriori profilassi.

IL CONSIGLIO

Nel caso necessitiate di più vaccinazioni ricordate che, spesso, deve intercorrere del tempo tra una e l'altra. Informatevi, quindi, con largo anticipo.

Vaccinazione antivaiolosa
Non è più richiesta.

Vaccinazione contro il colera
Non è più obbligatoria, anche perché gli attuali vaccini non danno una valida copertura nel tempo.

Vaccinazione contro la febbre gialla
Raccomandata, anche nel caso non fosse obbligatoria, a chi si reca in zone rurali di Paesi in via di sviluppo o in località in cui la malattia è presente nell'uomo o nei primati. I bambini possono essere vaccinati dai sei mesi di vita. Il certificato è valido dopo dieci giorni e per dieci anni.

Vaccino contro la febbre tifoide
È raccomandato in zone a scarse condizioni igieniche.

Vaccinazione contro l'epatite A
È raccomandata in tutti i Paesi a forte endemicità.

Vaccinazione contro l'epatite B
Obbligatoria in Italia per i nuovi nati, è raccomandata in viaggi che prevedono prolungati soggiorni in zone endemiche.

Vaccinazione antitubercolare
È raccomandata se si visitano Paesi in cui è diffusa. Il vaccino si può fare dalla nascita ai due mesi senza test alla tubercolina, dopo va somministrato solo ai bambini Mantoux negativi.

WWW.

salute.gov.it
viaggiaresicuri.it

Vaccinazione antimeningococcica
È indicata per chi si reca in zone endemiche a stretto contatto con la popolazione locale.

Vaccinazione contro la rabbia
È indicata se si prevedono attività a rischio. In caso di esposizione, sarà necessario somministrare comunque un trattamento antirabbico e un richiamo di antitetanica.

Vaccino contro l'encefalite giapponese
È indicato per soggiorni prolungati in zone rurali dei Paesi endemici.

Profilassi antimalarica
Benché preveda soprattutto una profilassi comportamentale volta a prevenire la puntura degli insetti pericolosi (evitare di uscire dopo il tramonto e all'alba, indossare abiti coprenti e chiari, applicare repellenti specifici, usare zanzariere o chiudere porte e finestre, usare spray e serpentine antizanzare, evitare di bagnarsi in acque dolci, evitare di camminare a piedi nudi nel fango, evitare il contatto con animali selvatici o sconosciuti, controllare la propria pelle), si può attuare – senza garanzie assolute – anche una profilassi farmacologia adeguata alla pericolosità della zona (l'OMS riconosce tre fasce di rischio) e condotta sotto stretto consiglio medico.

Trombosi del viaggiatore

In caso di viaggi aerei di lunga durata esiste un lieve rischio (dell'ordine dello 0,1-0,4 per mille) di sviluppare una trombosi venosa profonda (TVP), ossia di subire la formazione di un coagulo di sangue (generalmente negli arti inferiori) che potrebbe dar corso a un'embolia polmonare molto pericolosa.
I sintomi sono dolore, edema, alterazione del colore e della temperatura degli arti.
Prevenite il problema bevendo molto, evitando il fumo e l'alcol prima e durante il volo, evitando di accavallare le gambe, camminando ogni volta che ne avete l'opportunità, facendo piccoli esercizi per favorire la circolazione del sangue.
Un'ultima accortezza è usare un abbigliamento adeguato: abiti comodi ed, eventualmente, delle calze di sostegno su consiglio del vostro medico.

Denaro

Informatevi presso la vostra banca o l'ambasciata del Paese di destinazione sull'accettazione dei vari mezzi di pagamento e, quindi, procurateveli per tempo tenendo presenti alcuni utili accorgimenti...

ASSEGNI

- Lasciate perdere...

CARTA DI CREDITO

- Con una carta di credito internazionale potete – chiaramente con dei costi aggiuntivi o forfettari (intorno ai 3 euro) o percentuali (dall'1 al 3%) – prelevare facilmente denaro all'estero, da un bancomat o presso uno sportello, e pagare somme anche consistenti senza portarvi addosso contanti. Attenzione, però: i bancomat Visa, Eurocard, MasterCard e American Express (non accettata a Cuba) sono rari nelle città medio-piccole extraeuropee. Prima di partire, verificate il limite di prelievo e pagamento all'estero e annotatevi in un posto sicuro numero di carta, data di scadenza e recapito per bloccare le transazioni.

Banconote

- Esistono tre tipi di valuta: la zona "euro" (o zona "in"); la zona "out" (sterlina, dollaro americano e yen giapponese) e le valute non convertibili (la maggioranza) fuori dalle frontiere locali.
- Potete cambiare il denaro in banca (se possibile appoggiandovi al vostro istituto di credito, in modo da evitare di aggiungere un costo forfettario al costo della commissione) o in un ufficio di cambio, informandovi prima sui relativi costi per effettuare la scelta.
- In base alla zona della valuta viene stabilito il costo del cambio. In zona "in" varia, a seconda delle banche, dal 2,5 al 4,5%, percentuale che sale al 5% negli uffici di cambio. In zona "out" si paga una commissione di servizio e una commissione di cambio del 4-5% nelle banche e del 2,5% negli uffici di cambio.
- Se necessitate di valute non convertibili, partite con monete facili da cambiare (a volte anche accettate) sul posto e non dimenticate di sbarazzarvi di queste prima di tornare. Evitate di cambiare moneta negli areoporti e negli alberghi e recatevi nelle banche locali. Al rientro cambiate le banconote della zona "in" presso la Banca d'Italia per vederle ritirare senza costi.

Il consiglio

Fate molta attenzione alle disposizioni sull'importazione ed esportazione di denaro vigenti nei Paesi che vsitate. Le banche sapranno darvi tutte le informazioni necessarie.

Portate con voi denaro sufficiente a non incorrere nel rifiuto all'ammissione nel Paese di destinazione.

MONEYGRAM

- Se siete a corto di denaro in capo al mondo non disperate: chiamate qualcuno in patria e mandatelo in un ufficio di cambio Thomas Cook a depositare la somma che volete. Pagate le spese di trasferimento (circa il 5%), gli daranno un numero di riferimento col quale voi potrete ritirare presso un altro sportello Thomas Cook (ce ne sono 25.000 in tutto il mondo) i contanti inviati in valuta locale. Per conoscere l'agenzia Thomas Cook più vicina, chiamate lo: 800 903 930.

ASSEGNI POSTALI

- Se avete un conto alla posta, potete ugualmente acquistare assegni postali, per un massimo di dieci, aventi un valore nominale che va dai 120 ai 250 euro. Pagabili in moneta locale negli uffici postali di 32 Paesi, essi hanno il vantaggio di essere addebitati solo dopo il loro utilizzo.

TRAVELLER'S CHEQUE

- Sono titoli di pagamento di importo preciso espresso in tredici valute a scelta. Emessi da American Express e Thomas Cook, possono essere acquistati presso queste due reti di cambio o presso le banche con una commissione dell'1% per American Express e del 2,5% per Thomas Cook (nei cui uffici al momento d'arrivo non pagherete, però, altre commissioni). Sicuri e pratici, permettono (generalmente senza grossi problemi) di prelevare soldi nelle banche del Paese visitato e sono spesso accettati da molti commercianti, che danno il resto in moneta locale. Appuntatevi i numeri dei traveller's cheque e il telefono da chiamare per segnalarne la perdita o il furto.

Dogana

Cari amici, vi avvisiamo subito che questo capitolo sarà più indigesto di una pietra lavica… anche scrivendolo abbiamo visto passare sotto i nostri occhi tutta la nostra vita, condita da una schiera di domande esistenziali degne di un filosofo. Ma avendo ormai a cuore la vostra serenità e la vostra spensierata voglia di scoprire il mondo, riteniamo utile evitarvi se non la galera, almeno qualche fastidio e qualche privazione economica forzata (altrimenti detta multa!).

WWW.

agenziadogane.it
oneworld.com

DAI PAESI EXTRACOMUNITARI

Fate particolare attenzione se importate o esportate:

- **Oggetti e beni di consumo**
  Potete importare generi d'uso personale per un valore massimo di 300 euro (150 per viaggiatori con meno di 15 anni e 430 nel caso di viaggio aereo o via mare). Potete importare quantità limitate di sigarette e alcolici. Non sono previsti limiti quantitativi o di valore per l'esportazione, fatte salve – chiaramente – le disposizioni del Paese di destinazione.

- **Effetti personali**
  Apparecchiature fotografiche, videocamere, computer, orologi ecc. portati da un viaggiatore in uscita dalla Comunità Europea necessitano di una documentazione che dimostri, in caso di controllo al rientro, il regolare acquisto o l'importazione. Se ne siete privi, procuratevi una dichiarazione di possesso alla dogana.

- **Valuta**
  L'importazione e l'esportazione di valuta o altri valori mobiliari è libera per importi complessivi inferiori a 10.000 euro. Oltre bisogna compilare un documento da depositare presso gli uffici doganali.

- **Medicinali**
  Importare farmaci (eccetto stupefacenti, so-

stanze psicotrope o dopanti) non prevede prescrizioni. È tuttavia prassi, per quantitativi che eccedano il presumibile consumo personale per trenta giorni, che possa venire richiesta la prescrizione medica, con relativa posologia.

- Informatevi anche se trasportate o pensate di trasportare animali, specie protette o prodotti derivati, beni culturali o armi.

DALL'EUROPA

- **Oggetti e beni di consumo**
  Dal 1° gennaio 1993 gli stati dell'Unione Europea sono uno spazio unico di libero scambio per persone, merci e capitali. Ci sono, tuttavia, limiti con le sigarette (800 pezzi) e l'alcol (da 10 a 110 litri).

- **Valuta**
  Oltre i 10.000 euro va compilato un formulario da depositare presso una banca, un ufficio doganale, un ufficio postale o un comando della guardia di finanza, entro le 48 ore dopo l'ingresso o prima dell'uscita dal Paese.

RICORDATE!

Se viaggiate fuori dalla Comunità Europea con la vostra automobile, informatevi sulla necessità di disporre di qualche documento doganale.

Importare in alcuni Paesi non solo bevande alcoliche o droghe, ma anche pubblicazioni politiche, pornografiche o perfino religiose, può causarvi serie difficoltà.

Non passate mai la dogana portando oggetti per conto di terzi, né date passaggi a sconosciuti con bagagli.

In numerosi Paesi anche per piccole quantità di stupefacenti rischiate pene molto serie.

La vigilia

Quale bagaglio?

Potrebbe essere scomodo fare trekking nel Sahara con in groppa una valigia rigida… e potrebbe essere deprimente veder passare sul nastro trasportatore uno zaino smembrato e ormai degno di sepoltura… Solo per dirvi che non esiste il bagaglio ideale, ma il bagaglio più adatto al tipo di viaggio che farete.

Il consiglio

Potrebbe esservi molto utile avere con voi, per ogni evenienza, un rotolo di nastro da pacchi robusto, spago e una cinghia!

TROLLEY

- Comodi e resistenti, sono l'ideale per una vacanza di pochi giorni che prevede degli spostamenti a piedi o con mezzi pubblici. Attenzione alle dimensioni e al contenuto, se volete usare il trolley come bagaglio a mano in aereo.
- Lo sconsigliamo agli amanti in fuga: non crediate di passare inosservati con quelle rotelle che trotterellano allegre su asfalti e ciottolati incuranti della curiosa vicina di casa alla finestra…

ZAINO
ADATTO PER VACANZE AVVENTUROSE

TROLLEY
IDEALE PER VACANZE BREVI

SACCA DA VIAGGIO
IDEALE PER VIAGGI IN AUTOMOBILE

VALIGIA RIGIDA
COMODA PER GLI SPOSTAMENTI IN AEREO

SACCA DA VIAGGIO

- È l'ideale per chi viaggia con la propria automobile e non prevede di portare il bagaglio per più di dieci passi. Esistono delle versioni con rotelle che possono essere molto pratiche, soprattutto nelle soluzioni di viaggio *fly and drive*.

ZAINO

- Essenziale o meno, vi darà sempre quell'aria da viaggiatore avventuroso e in grado di adattarsi a ogni situazione, anche al Sahara (lo zaino sì e... voi?).

VALIGIA RIGIDA

- Perfetta per i viaggi in aereo che non prevedano troppi spostamenti, è molto utile anche per stivare, con qualche accortezza, tutto quello che non si può più portare in cabina e i vostri più fragili souvenir.
- Ricordatevi di rispettare dimensioni e peso del bagaglio, di allegare i vostri recapiti e, se necessario, di mettere un lucchetto (ma attenzione: in alcuni Paesi, come gli Stati Uniti, i bagagli devono essere ispezionabili in qualsiasi momento).

WWW.

onebag.com

ONE BAG

Non riuscite proprio a partire senza riempire all'inverosimile due trolley, quattro borsoni e sette valigie, persino se si tratta di un weekend al mare? Ebbene, il signor Doug Dyment può venirvi in soccorso. È l'ideatore, infatti, del sito onebag.com, nel quale fornisce innumerevoli trucchi e consigli per alleggerire al massimo il bagaglio per i nostri viaggi, fino addirittura ad affermare che si può sempre viaggiare con un solo, piccolo zainetto, anche per vacanze lunghe... Pensate sia impossibile? Provare per credere!

Cosa portare... Gli indispensabili

Premettiamo che nessuno vuole togliervi il meritato stress di scordare a casa il telomare (proprio quello là che vi piace tanto, con il surfista che scappa dallo squalo), imprecare con vostra moglie che non ha messo il rasoio in valigia («... e allora potevi farla tu la TUA la valigia!!!») o tornare indietro due o tre volte per vedere se la porta di casa e la finestra del salotto sono chiuse a tripla mandata.

Sappiate, tuttavia, che – fosse per esempio necessario partire con l'animo più sereno, per motivi di salute o di decoro – nella maggior parte dei posti dove andrete vi serviranno davvero solo due cose: i documenti (personali, sanitari, di viaggio ecc.) e i soldi! Quindi ecco un breve elenco di "indispensabili" e qualche consiglio.

SOLDI E DINTORNI

- Carte di credito e bancomat, con relativi numeri per bloccarle;
- contanti.

DOCUMENTI PERSONALI

- Carta d'identità valida;
- passaporto (controllate la scadenza, il bollo e il visto per i Paesi che visiterete);
- patente e cartaverde (per guidare all'estero);
- visti consolari;
- dati sanitari: gruppo sanguigno, vaccinazioni, allergie, informazioni sanitarie importanti, certificati di vaccinazione ecc.;
- tessera sanitaria valida anche all'estero;
- estremi delle assicurazioni e relativi numeri telefonici.

DOCUMENTI DI VIAGGIO

- Biglietti di viaggio, con codici e tutta la documentazione relativa;
- prenotazioni e supplementi con codici ed estremi delle transazioni già effettuate;
- voucher alberghi;
- documenti dell'automobile (carta di circolazione, assicurazione ecc.)
- programma del viaggio (orari, coincidenze ecc.).

IL CONSIGLIO

È molto utile stilare una **check-list** delle cose da portare con voi e da fare prima di partire. Iniziando un paio di settimane prima della partenza il rischio di scordare qualcosa sarà davvero minimo.

E INOLTRE...

- Indirizzi e telefoni utili (alberghi, noleggio auto, ambasciate e consolati ecc.);
- guide, cartine (o navigatori satellitari con relativi accessori), dizionario tascabile;
- se avete particolari problemi dietetici o temete, per varie ragioni, i cibi locali assicuratevi anche di avere una scorta essenziale e pratica di generi alimentari.

UN'IDEA IN PIÙ

Che ne dite di postare on-line la copia di tutti i documenti (magari zippandoli e criptando il file zip)?

P.S. Per gli over 60 chiedete a figli o nipoti la traduzione del suddetto consiglio (nonché la sua applicazione... rimane il problema dell'eventuale messa in pratica in stato di emergenza, ma essendo un'emergenza troverete senz'altro risorse interiori che nemmeno immaginavate di possedere)!

IL BAGAGLIO A MANO

Data la confusione che regna in fatto di trasporto aereo, spendiamo qualche parola anche sul bagaglio a mano, per il quale il primo consiglio, anche in virtù dei continui cambiamenti, è informarsi bene presso le compagnie aeree e gli aeroporti.

- Fate attenzione a **peso e dimensioni**, soprattutto se viaggiate con compagnie low cost, per le quali spesso vigono anche regolamenti più stringenti (Ryanair, per esempio, vieta di portare le borse del duty free se si ha già un bagaglio a mano personale).

- Ricordatevi di mettere nel bagaglio a mano tutti gli "**indispensabili**" di cui sopra. Mettete anche le eventuali chiavi dei lucchetti del bagaglio stivato, quelle di casa e macchina, l'essenziale per un cambio e per l'igiene primaria (ma attenzione ai molti divieti), le medicine principali (anche qui occhio ai divieti), le attrezzature tecnologiche, l'occorrente per il viaggio (lettore mp3, carte da gioco, libri, parole crociate ecc.).

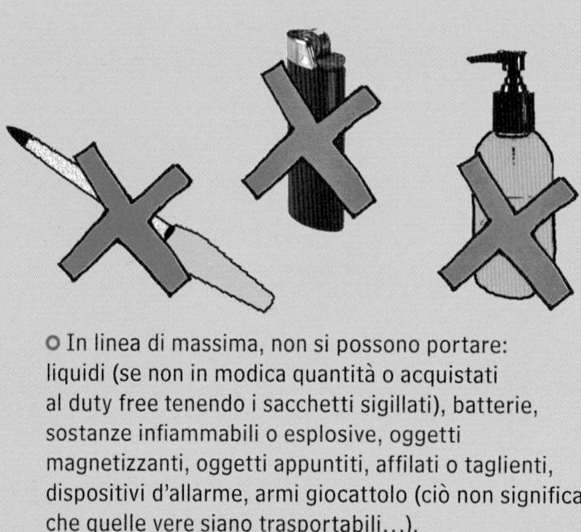

- In linea di massima, non si possono portare: liquidi (se non in modica quantità o acquistati al duty free tenendo i sacchetti sigillati), batterie, sostanze infiammabili o esplosive, oggetti magnetizzanti, oggetti appuntiti, affilati o taglienti, dispositivi d'allarme, armi giocattolo (ciò non significa che quelle vere siano trasportabili...).

- Informatevi per particolari necessità su deroghe o modalità di trasporto diverse.

Qualcosa in più

Siamo, ovviamente, fiduciosi che i nostri precedenti (e preziosissimi) consigli vi abbiano trasmesso una totale serenità e che i vostri bagagli siano stati ridotti all'essenziale, senza patemi inutili. Ma alla partenza mancano ancora alcuni giorni: lunghe ore di pioggia, sole, vento, neve, che vi istilleranno mille dubbi: «e se fa freddo? (caldo/umido/tiepido/afoso ecc. ecc.)». D'accordo, d'accordo, non perdetevi d'animo: avete versato solo una piccola caparra e anche passare le ferie in piscina potrebbe essere piacevole...

Ma se, sfidando la sorte avversa, avete preso l'ardua decisione di partire senza ricorrere a una ditta di traslochi...

WWW.

independenttraveller.com
invaligia.com
sottocoperta.net
travelsense.org
upl.codeq.info

Il consiglio

Per i prodotti da bagno passate in rassegna la vostra preparazione quotidiana pensando a ciò che usate solitamente… potrebbe essere utile per non scordare nulla!

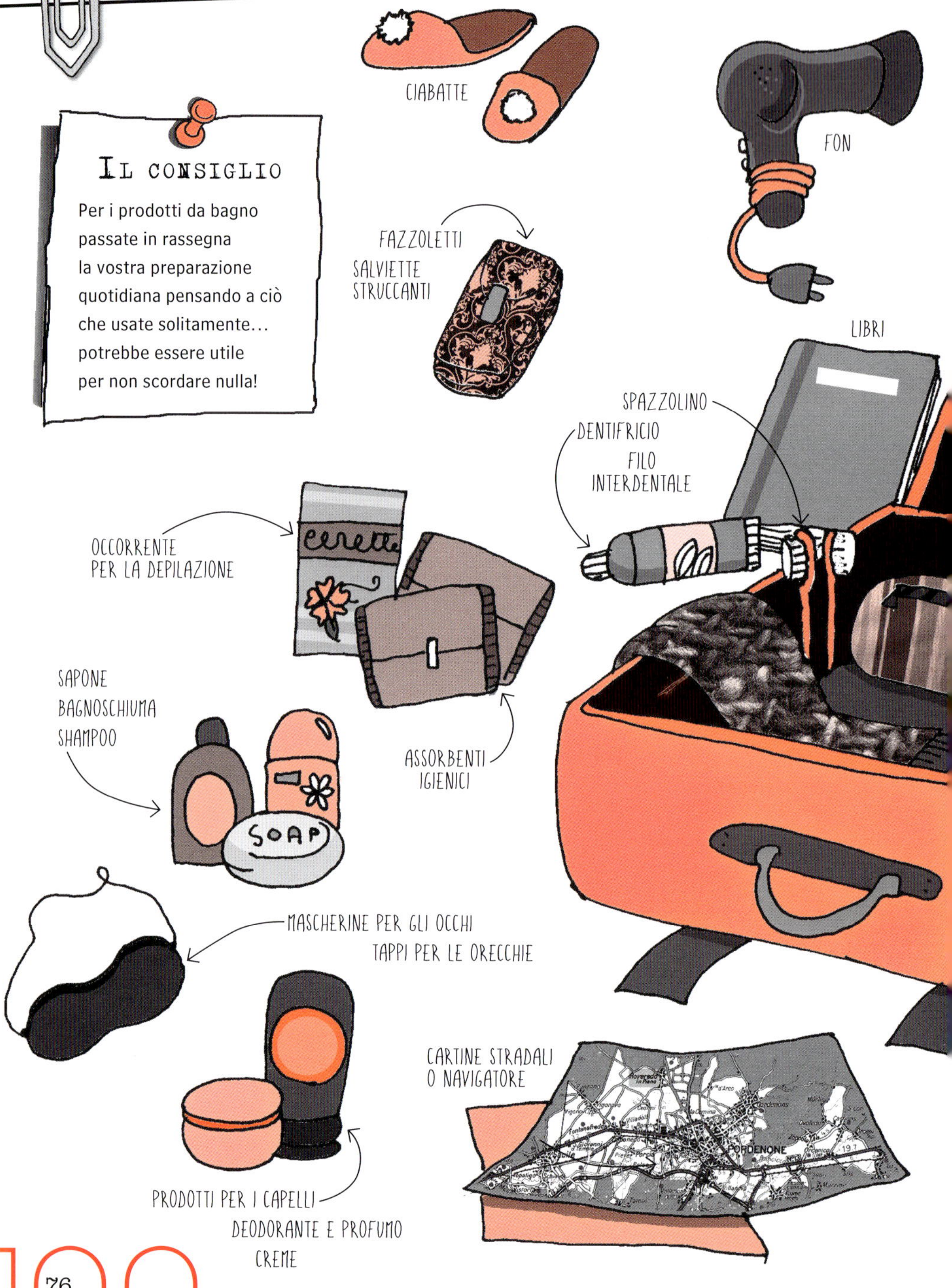

BORSA DEL TRUCCO
E/O NECESSARIO PER RADERSI
MACCHINA FOTOGRAFICA
GIACCA A VENTO
ZAINO
SVEGLIA DA VIAGGIO
ACCENDINO O FIAMMIFERI
PRESA ELETTRICA MULTISTANDARD
COLTELLINO MULTIUSO
SACCHETTI DI PLASTICA
TORCIA
PETTINE
PENNA E BLOCCO PER GLI APPUNTI
uida
GUIDE TURISTICHE
PINZETTA
LIMETTE PER LE UNGHIE
OCCHIALI DA SOLE
ACCESSORI PER I VOSTRI HOBBY
GIOCHI
KIT CUCITO
SAPONE DA BUCATO

IGIENE PERSONALE

- Spazzolino, dentifricio, filo interdentale, sapone, bagnoschiuma, shampoo, sapone, fon (spesso presente in alberghi, B&B ecc.), pettine, prodotti per i capelli, deodorante e profumo, limette per le unghie usa e getta, fazzolettini, creme, borsa del trucco e/o necessario per la rasatura, salviettine struccanti, occorrente per la depilazione, pinzetta, assorbenti igienici.

IN AFFITTO

Il primo consiglio è di informarsi su quello che c'è già nell'appartamento/casa/agriturismo ecc. Biancheria e stoviglie difficilmente mancano, potreste non trovare: fiammiferi, detersivo per il bucato, corda e mollette, carta igienica, buste di plastica, carta alluminio, elastici, forbici, detersivo per i piatti, rotolo di carta assorbente da cucina, strofinaccio, spugnetta per il lavello, presine, cavatappi e apriscatole, un buon coltello, nastro da pacchi (sempre utile!).
Suggeriamo di portare l'essenziale per una cena e una prima colazione (olio, sale, zucchero, pasta, sugo, latte, caffè, biscotti), in attesa di farvi una spesa con calma.

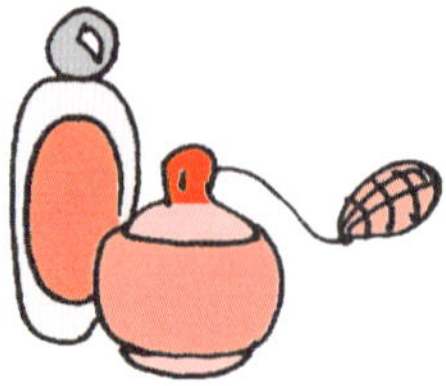

VARIA UTILITÀ

- Penna e blocco per gli appunti, guide turistiche e cartine stradali (o navigatore), coltellino multiuso (può essere molto utile, ma attenzione al bagaglio a mano e alle visite a musei e monumenti), torcia, libri, giacca a vento, occhiali da sole, kit cucito, zaino, accendino o fiammiferi, presa elettrica multistandard, sacchetti di plastica.
- E ancora: giochi, sapone da bucato, mascherine per gli occhi, tappi per le orecchie, accessori per i vostri hobby (chitarra e spartiti, racchette da trekking ecc.)

ABBIGLIAMENTO

- A qualcosa volete pensare anche voi, o no?!?

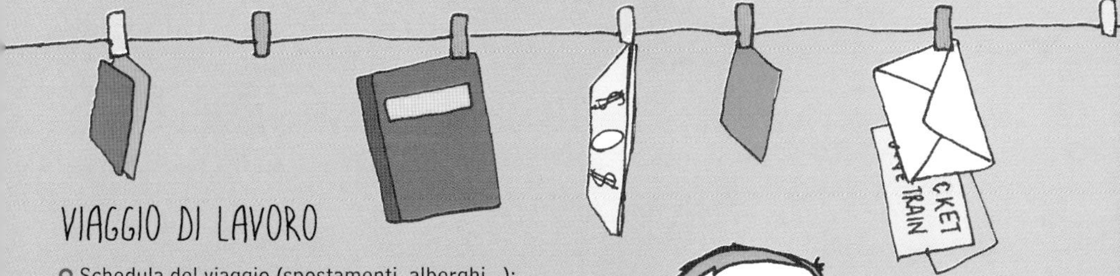

VIAGGIO DI LAVORO

- Schedula del viaggio (spostamenti, alberghi...);
- biglietti di viaggio (e codici);
- numeri di telefono dei colleghi, dei taxi, dei servizi auto con conducente, dell'agenzia che ha prenotato il viaggio;
- contanti (eventualmente anche in valuta estera);
- carte di credito, bancomat;
- carte *frequent flyer*;
- fidelity delle catene alberghiere;
- badge aziendale;
- agendina/organizer;
- documenti di lavoro cartacei e in formato elettronico (pratiche, cataloghi, modulistica, carta intestata, indirizzi e biglietti da visita dei clienti ecc.);
- chiave USB e schede di memoria;
- penna e blocco degli appunti;
- biglietti da visita;
- orologio con sveglia;
- telefono cellulare e accessori;
- notebook/palmare e accessori;
- prese multistandard.

La farmacia da viaggio

Chiaramente l'elenco dei farmaci da portare in viaggio dipende sostanzialmente dal vostro stato di salute e dalla vostra destinazione. In ogni caso, è sempre buona norma fare una chiacchierata preventiva con il proprio medico e informarsi sulle condizioni igienico-sanitarie del Paese che visitate (vedi capitolo relativo, pp. 57-59).

- Se dovete assumere farmaci particolari non dimenticate la ricetta e il relativo prospetto, ma partite con una scorta per tutto il viaggio: in alcuni Paesi potreste non trovare il farmaco o potrebbero essere reperibili farmaci contraffatti.

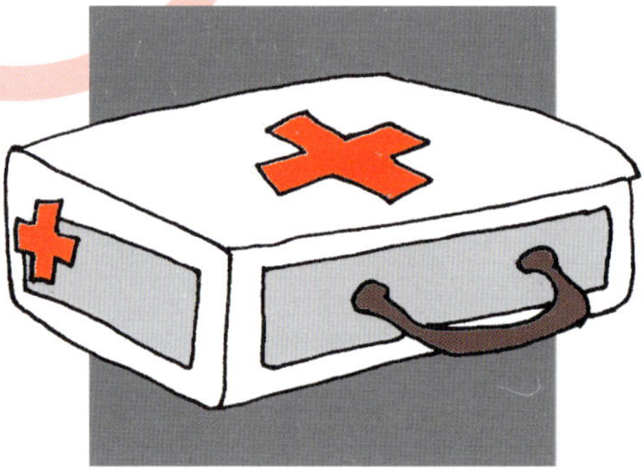

- Ricordate anche che in alcuni Paesi vi sono prescrizioni particolari per portare con sé medicinali contenenti sostanze stupefacenti.

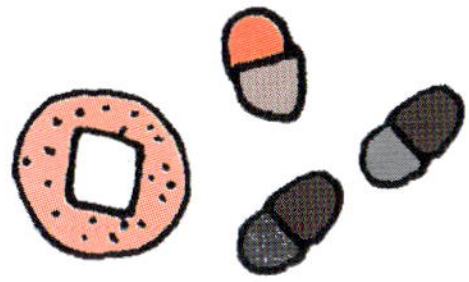

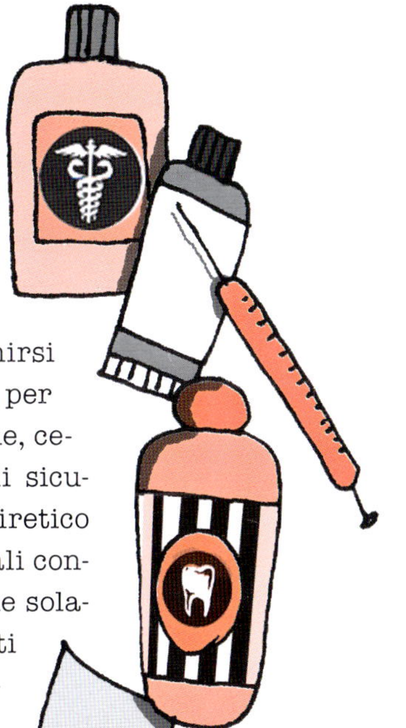

- In generale, oltre ai medicinali personali, è utile fornirsi di: disinfettanti e prodotti per la medicazione (forbici, bende, cerotti, cotone, siringhe, spille di sicurezza), analgesici, antichinetosici, antipiretico (e termometro), antinfluenzali, medicinali contro i disturbi gastrici e intestinali, creme solari, sali per la reidratazione orale, prodotti antizanzare, antibiotici, pomate antistaminiche e cortisoniche, colliri, soluzioni virucide per acqua e alimenti, anticoncezionali, occhiali da vista (anche di riserva) e/o lenti e prodotti relativi.

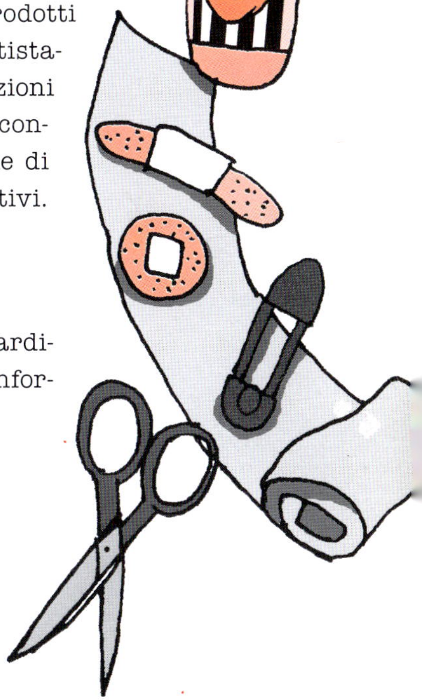

- Tenete sempre il “bugiardino”, ossia il foglietto informativo delle medicine.

Ultimi preparativi

È difficile partire pensando già al ritorno, ma – dato che quando si torna da un viaggio si hanno sempre mille cose da fare – cercate almeno di evitarvi le scocciature impreviste. Quindi, soprattutto se starete fuori casa per più di una settimana, fate un piccolo sforzo e pensate dieci minuti anche a ciò che lasciate partendo!

LA CASA

- Ricordatevi di buttare la spazzatura e tutti i cibi deperibili, ma controllate di avere qualche alimento a lunga conservazione per un paio di pasti e un paio di colazioni al vostro rientro. Se starete via a lungo è meglio scongelare, svuotare e spegnere (lasciandolo socchiuso) il frigorifero.
- Chiudete il rubinetto centrale del gas e, se non servirà per innaffiare, quello dell'acqua.
- Spegnete lo scaldabagno e il riscaldamento.
- Staccate tutte le prese della corrente e l'antenna della televisione (potrebbe essere pericoloso in caso di temporali).
- Se non avete in mente uno studio su imenotteri e affini, lasciate la casa pulita e tappate tutti i lavandini.
- Chiudete bene tutte le finestre e, se ci fosse, inserite l'allarme.

La piante

- Circuite qualche amico/vicino/conoscente di fiducia, affidategli le chiavi di casa e fategli pesantemente presente che "da domani" la cura di quelle preziose creature vegetali è completamente nelle sue mani!
- Organizzate un sistema di irrigazione, lasciando comunque le piante in posti riparati e non troppo esposti.
- Affidatevi ai "consigli della nonna": tra gli altri particolarmente efficace, ma solo per qualche giorno, è usare delle bottiglie di plastica riempite d'acqua e interrate nei vasi capovolte.

Il consiglio

Se avete lasciato le chiavi di casa a parenti o amici, lasciate anche il recapito del vostro idraulico/elettricista/muratore ecc. di fiducia!

Promemoria

- Pagate le bollette in scadenza.
- Ricaricate il cellulare sia di batteria che di credito (verificando prima le possibilità e i costi di utilizzo all'estero).
- Date le chiavi di casa a parenti o vicini di casa fidati.

Arrivando

Stando

In viaggio

Passare il tempo

È vero… è davvero noioso non avere quel caro trillo di sveglia che ci dà il buongiorno e ci invita, rassicurante routine, a correre giù dal letto, infilare le pantofole rischiando l'osso del collo, mettere a tacere lo stomaco, irrorare le nostre impastate fauci con un po' di caffè bollente e, quindi, provare a rendersi presentabili, buttarsi nel traffico e timbrare il cartellino sull'orlo del fotofinish.

Ovviamente, non può non mancarvi tutto questo! Non potete non provare un'incommensurabile noia e senso di inutilità cosmica di fronte alla prospettiva che tutto ciò lasci il posto a… un viaggio! Interminabili ore a contatto con famigliari o amici intimi, un sacco di tempo per ascoltare le urla piacevoli della vostra prole o percepire le ansie del coniuge: avremo chiuso bene casa? Ho/ha (su questo, care amiche, non pensiate che i mariti non deleghino anche nei pensieri) preso i pannolini del piccolo? E il biberon?

Questo e molto peggio è quello che può attendervi, ma voi non state inermi a guardare le vostre certezze risucchiate in tale orribile buco nero e predisponete le vostre difese!

La cosa principale è riempire il tempo, tenere lontana la noia, cercare di ricreare qualche motivo di stress che possa farvi sentire a casa o, ancora meglio, in ufficio. L'ideale è occuparsi in lunghe telefonate di lavoro, oppure lavorare con un notebook, un tablet o qualche arnese simile... ricordandovi, però, di riportare alla mente i cari odori e rumori dell'ufficio: l'aroma del tè della macchinetta, il *tlin* dell'ascensore quando arriva al piano... cose così.

Potrebbe andare avanti all'infinito questo divertissement, ma basta per dirvi che, se avete bisogno di consigli per passare il tempo in viaggio, forse dovete raddoppiare i giorni delle ferie e provare, una volta tanto, a "staccare" davvero... Siate liberi di gestirvi il tempo, di oziare, leggere, bere, mangiare, divertirvi. Siate anche – perché no? – liberi di annoiarvi: ricordatevi che – e lo diceva Nietzsche – «solo gli animali più acuti e attivi sono capaci di provare noia».

Viaggiare in aereo

Una volta acquistato il biglietto – tramite agenzia, sul sito della compagnia o attraverso i sistemi internazionali e nazionali come Sabre, Amadeus, Galigeo Sigma o Worldspan – e preparati i bagagli con cura (occhio a misure, pesi e al contenuto del bagaglio a mano), è ora di pensare a quando e come presentarsi in aeroporto.

COME

- Fate mente locale di tutti gli amici che vi devono un favore e di tutti i parenti che vi chiederanno, prima o poi, un favore: potrebbe saltar fuori il vostro accompagnatore ideale.
- Se così non fosse, non disperate: gli aeroporti sono serviti da taxi (con tariffe solitamente fisse), treni, autobus, bus navette, parcheggi a tariffa forfettaria ecc.

WWW.

amadeusitalia.it
opodo.it
expedia.it
govolo.it

QUANDO

- L'orario preciso di apertura e chiusura del check-in viene indicato al momento dell'acquisto del biglietto. In genere si effettua a partire da 1-2 ore prima della partenza, in relazione all'internazionalità o meno dei voli.

CHECK-IN

NOTA BENE

Ricordatevi che il controllo ai raggi X non danneggia – al contrario del metal detector – pellicole, apparecchi elettronici ecc.

- Assicuratevi che i vostri bagagli siano pronti per il viaggio (normopeso, riconoscibili, inespugnabili e in linea con i regolamenti internazionali in fatto di sicurezza). Durante il check-in, se è prevista l'assegnazione dei posti potete scegliere la posizione che preferite e, nel caso il vostro viaggio preveda degli scali, decidere di far mandare i bagagli direttamente alla destinazione finale.

OVERBOOKING

Per chi non avesse la "fortuna" di sapere per esperienza cosa sia l'**overbooking** è presto detto. Si tratta di una sovraprenotazione, un sistema praticato da pressoché tutte le compagnie aeree che vendono più biglietti dei posti disponibili, valutando una percentuale "fisiologica" di passeggeri che rinunceranno al volo.

È, quindi, possibile che, con tanto di biglietto e prenotazione in mano, vi sentiate dire: «spiacenti, ma non c'è posto».

Che fare? Scene di ordinaria follia sarebbero comprensibili, ma poco salubri e molto poco efficaci. Quindi nervi saldi e fate valere i vostri diritti. In caso di overbooking, infatti, la compagnia ha degli obblighi ben definiti e voi potete decidere a scelta se:

- farvi rimborsare entro 7 giorni il costo del biglietto;
- imbarcarvi sul primo volo disponibile per la vostra destinazione;
- imbarcarvi su un volo in una data successiva a vostra scelta.

Inoltre, vi spetta un risarcimento monetario (pari a circa 250 euro per voli fino a 1.500 km; 400 euro per voli europei oltre i 1.500 km e per tutte le tratte tra 1.500 e 3.500 km; 600 euro per gli altri voli), pasti o rinfreschi e, se necessitasse, il pernottamento in un albergo.

VOLO

- Durante il volo attenetevi sempre alle indicazioni del personale di bordo. In linea di massima, è concesso l'uso di videogiochi, computer, lettori MP3 ecc. Spesso, invece, è vietato l'uso di cellulari: per essere sicuri, chiedete al personale.

SBARCO

- Se siete in transito, seguite le indicazioni "transit" per evitare i controlli di ingresso, altrimenti, sbrigate le pratiche burocratiche e doganali, potete – pregando ardentemente il santo protettore dei bagagli da stiva (ci sarà, no?!?) – recuperare le vostre valigie e dedicarvi alla vostra vacanza.

RITARDI E CANCELLAZIONI

- La compagnia è tenuta a fornirvi pasti e bevande in caso di ritardi (di sua responsabilità) di 2 o più ore per tratte pari o inferiori a 1.500 km; 3 o più ore per tratte intracomunitarie superiori a 1.500 km e per le altre tratte comprese tra i 1.500 e i 3.500 km; 4 o più ore per le altre tratte.
- Nel caso di rinvio al giorno successivo, avrete diritto anche al pernottamento in albergo.
- Nel caso di ritardi di almeno 5 ore, vi spetta il rimborso del biglietto.
- Se il volo è cancellato per colpa della compagnia, godete dei diritti previsti in caso di **overbooking**.

PERDITA BAGAGLI

Nel caso la vostra attesa davanti al nastro trasportatore si sia conclusa con un'improvvisa tachicardia, accompagnata da sudorazione fredda e da una malcelata voglia di piangere... non vi resta che ricomporvi e portarvi piano piano all'ufficio oggetti smarriti (lost and found). Qui presenterete biglietto e tagliando del bagaglio e compilerete il modulo di reclamo (PIR).

Nel caso vogliate chiedere un risarcimento, dovete presentare denuncia scritta entro 21 giorni in caso di perdita e 7 giorni in caso di danni o manomissioni.

Il risarcimento sarà di circa 1.200 euro per i voli di Paesi aderenti alla Convenzione di Montreal e di 20 euro circa per kg (fino a un massimo di circa 400 euro) per gli altri voli.

A fronte di queste esigue cifre, se considerate irrilevante il risarcimento rispetto al valore del vostro bagaglio, avete sostanzialmente due possibilità:

- chiedere la "dichiarazione di valore" al momento del check-in per aumentare il limite di responsabilità della compagnia (attenzione alle clausole!);
- stipulare una polizza prima di partire o, nel caso la vostra carta di credito fornisca un servizio in tal senso, ricordare di pagare il biglietto con questa.

Viaggiare in nave

Nota bene

Se sceglieste una cabina che non occuperete tutta (per esempio siete in due con una cabina da quattro) e non la prenotate in esclusiva, ricordate che vi saranno assegnate cabine separate uomini e donne che condividerete con estranei dello stesso sesso.

ACQUISTO DEI BIGLIETTI

- Due sono le voci che, fondamentalmente, concorrono al prezzo del biglietto: la presenza o meno di automobili, moto ecc. e la sistemazione sulla nave, che può andare dal passaggio ponte (nessuna sistemazione garantita) alla cabina suite.
- Le tasse sono incluse nel biglietto, ma a volte si pagano al momento del check-in.

CHECK-IN

- Talvolta è previsto il check-in da una a 3 ore prima dell'imbarco: presso l'ufficio della compagnia vi verranno controllati i biglietti e i documenti (personali e dell'eventuale veicolo), quindi vi saranno consegnate le carte d'imbarco, i moduli per i controlli doganali e, talvolta, anche le chiavi della cabina e un cartello con la destinazione da mettere sul veicolo.

IMBARCO E SBARCO

- Effettuati gli eventuali controlli di passaporti e le pratiche doganali, potete imbarcarvi. Se non siete a piedi, dovete incolonnarvi presso i ponti garage e attendere, accertandovi bene di essere nella colonna giusta.
- Una volta in garage, parcheggiate con il freno a mano tirato, la prima marcia inserita, disattivate l'allarme e, se avete un'auto a GPL, mettete il regolatore su "benzina", in modo da chiudere le elettrovalvole del gas (è comunque buona norma avvertire la ciurma... ops... il personale di bordo).
- Ricordate di portare sulla nave tutto quello che vi serve durante la navigazione: necessario per la notte, il bagno e un cambio, passatempi, "vettovaglie", medicine ecc.
- Lo sbarco potrebbe essere allungato dalle operazioni di frontiera.

WWW.

traghettiamo.it
traghettionline.it

IN NAVE

- I ponti sono numerati dal basso all'alto. Più in alto ci sono, generalmente, i ponti con le cabine e i servizi: ristoranti, bar, cinema, duty free, sale giochi ecc.
- Se soffrite di mal di mare, ricordate di assumere il farmaco prescrittovi a tempo debito (generalmente un'oretta prima della partenza).

Viaggiare in automobile

Nel considerare un viaggio in automobile esistono, sostanzialmente, due possibilità: partire con la propria macchina oppure – nel caso di mete lontane, di pochi giorni a disposizione o in base a una generale valutazione economica e meccanica – noleggiare un'auto all'arrivo.

NORME GENERALI

- In entrambi i casi il primo passo è controllare quale documentazione serve per guidare (ed eventualmente importare la vettura) nel Paese (o nei Paesi) di destinazione. Possono servire:

- il **permesso internazionale**. È necessario per guidare nei Paesi che non hanno aderito alle convenzioni internazionali cui aderisce l'Italia. È rilasciato dall'Ufficio provinciale della Direzione generale della Motorizzazione civile nella vostra provincia di riferimento.
- La **delega a condurre**, consigliata all'estero se si guida un mezzo altrui. Viene rilasciata dal proprietario e autenticata da un notaio.
- La **carta verde** è un certificato di assicurazione internazionale che permette a un veicolo di circolare in un Paese estero essendo in regola con l'RCA. Si deve richiedere all'assicurazione.
- Il **Carnet de Passages en Douane**, è un documento internazionale necessario in molti Paesi per importare, in regime di franchigia doganale e per un determinato periodo, veicoli privati e commerciali. È rilasciato dall'ACI.

- Informatevi attentamente sulla normativa vigente nei luoghi di destinazione, ricordandovi di considerare anche le indicazioni relative all'equipaggiamento nel veicolo.
- Dotatevi di carte stradali (o navigatori) aggiornate e affidabili.
- Non trascurate la sicurezza e la salute. Fate soste frequenti e fermatevi se siete stanchi.

WWW.

aci.it
ideamerge.com
mototurismo.it
tornanti.it
trasporti.gov.it
turismoa2ruote.com
ucimi.it
viamichelin.com

PARTIRE CON LA PROPRIA AUTOMOBILE

- Il principale, indiscusso, vantaggio di partire con la propria auto è la gestione dei bagagli. Ma non fatevi prendere la mano e tenete comunque presente che potrebbe essere molto scomodo sovraccaricare l'auto, soprattutto durante una vacanza itinerante. In questo caso è meglio prevedere bagagli essenziali e maneggevoli e lasciare spazio per acquisti di souvenir e ammennicoli vari e variamente inutili...

- Detto questo, se più che andare in vacanza sembra che stiate traslocando, ecco qualche accorgimento per la sicurezza:

– il carico non deve ridurre la visibilità e i movimenti di chi guida;

– accertatevi bene che il carico sia stabile, non sporga dal veicolo oltre il consentito, sia ben distribuito e rispetti i limiti di peso previsti dalla vettura;

– accertatevi che la targa e i dispositivi di sicurezza siano ben visibili.

NOLEGGIARE UN'AUTOMOBILE

- Molte sono le offerte sul mercato, a partire dai pacchetti *fly and drive* delle compagnie aeree, tuttavia, quando si noleggia un'auto, è bene avere qualche accortezza.
- Innanzitutto è consigliabile prenotare in anticipo: si risparmia molto e ci si assicura la disponibilità e una maggior scelta della tipologia del veicolo. Ricordate che per noleggiare un'auto è quasi sempre necessario possedere una carta di credito.
- Attenzione al chilometraggio incluso nel prezzo e agli eventuali costi aggiuntivi.
- Attenzione alle franchigie applicate in caso di sinistro.
- Attenzione al costo degli optional.
- Riconsegnate sempre il veicolo con il pieno di benzina.

MOTOTURISMO

Partire in moto è forse il *non plus ultra* per chi considera più importante il viaggio, lo spostamento, che la meta d'arrivo. La moto, infatti, offre un punto di vista privilegiato, analogo probabilmente a quello di chi nei secoli scorsi percorreva a cavallo le strade del mondo (per altro giungendo sempre e solo a Roma, come si sa...). Insomma, il mototurismo è la forma di viaggio *on the road* per eccellenza, quella che prevede, appunto, di essere "sulla strada" sempre e comunque, che piova, ci sia il sole o tiri il vento. L'importante è, come sempre, essere organizzati, informati e partire con il bagaglio e l'attrezzatura adeguati a fronteggiare ogni imprevisto.

Viaggiare in camper

Dedichiamo queste pagine a chi, privo di particolare esperienza, vorrebbe avvicinarsi al mondo dei camperisti (ai quali immaginiamo non servano i nostri consigli su un argomento che è il loro pane quotidiano o, per lo meno, settimanale).

A favore del camper ci sono molti fattori, ma è, comunque, una tipologia di viaggio con caratteristiche proprie che vanno conosciute e vissute con apertura mentale, disponibilità e spirito di adattamento. Il nostro consiglio è, quindi, anche se siete degli impenitenti (e facoltosi) spendaccioni, quello di rivolgervi a uno dei molti servizi di noleggio e, se ne aveste la possibilità, di partire con qualcuno già pratico del genere.

Altrimenti affidatevi a queste pagine e...
dite una preghierina.

IN VIAGGIO

- Prima di partire controllate che il veicolo sia perfettamente a posto.
- Caricate i pesi distribuendoli in maniera uniforme e fissandoli saldamente. Evitate di caricare eccessivamente il tetto, sia per motivi di peso che di stabilità.
- Spegnete le forniture di gas mentre siete in viaggio.
- Ricordatevi che non state guidando un'autovettura: la risposta del veicolo alle varie condizioni di strada, velocità, pendenze, vento ecc. può essere molto diversa e richiede la massima prudenza e attenzione da parte di chi guida.

WWW.

campersupermarket.com
campertour.it
motorhomesworldwide.com
allmotorhomerentals.com
motorhomesandcars.com

IN SOSTA

- Se sostate in un campeggio o in un'area attrezzata attenetevi ai regolamenti del posto.

- In caso di sosta libera:

- innanzitutto informatevi sulla normativa (il codice italiano, per esempio, considera l'uso dei piedini di stazionamento "campeggio" e quindi lo vieta fuori dalle aree dedicate);
- se siete in centri abitati tenete le tende tirate, abbassate il volume di radio, tv ecc., non occupate spazi esterni;
- scaricate le acque (sia chiare che scure) solo nei pozzetti autorizzati (attenti, quindi, anche a partire con le valvole chiuse e ai livelli dei serbatoi);
- utilizzate il meno possibile il generatore di corrente;
- evitate i luoghi isolati, bui, appartati, con segnali di possibile pericolo (siringhe, bottiglie ecc.);
- parcheggiate in modo da poter sempre partire in fretta;
- non lasciate oggetti di valore in vista;
- chiudete bene porte e finestre, attivate l'antifurto e il rilevatore di fughe di gas.

- Dopo la sosta non lasciate nessuna traccia del vostro passaggio, se non il sorriso dei vostri "vicini di casa" occasionali.

ALTRI CONSIGLI PRATICI

- Per quanto riguarda la corrente elettrica, munitevi di adattatori, ma ricordate che, nel caso di soste lunghe, è sempre meglio attrezzare i cavi con le prese adatte.

- Tenete sempre un estintore a bordo e facilmente raggiungibile.

Cicloturismo

Questa forma di turismo – praticata anche nelle varianti treno+bicicletta o con tour organizzati che forniscono anche supporto logistico e trasporto bagagli – permette agli appassionati delle due ruote di percorrere itinerari meno conosciuti e battuti dal turismo di massa.

- Vi sono associazioni come la ECF (European Cyclists' Federation) che hanno progettato **itinerari specifici**. Molti degli itinerari cicloturistici europei rientrano nel progetto EuroVelo.

- Stabilito l'itinerario, il primo passo è la **scelta della bicicletta**. Questa dipende, chiaramente, dallo stato delle strade che percorrerete, ma la soluzione migliore è probabilmente la city bike, che unisce la robustezza di una mountain bike con il comfort di una normale bicicletta da strada.

WWW.
ecf.com
fiab-onlus.it

- Per quanto riguarda il **bagaglio** bisognerà, chiaramente, adeguarlo alla capienza delle apposite borse da viaggio, ricordando che la maggior parte del carico è da porre sul portapacchi posteriore, lasciando leggero quello anteriore per non compromettere la manovrabilità del mezzo.

Viaggiare con mezzi pubblici

Se sapete organizzare i vostri bagagli con la precisione e l'essenzialità di un ingegnere elettronico, e non vi spaventa l'idea di saltare su e già da treni e autobus con uno zaino mastodontico sulle spalle, correndo sempre il rischio di perdere la coincidenza e di fare qualche chilometro a piedi – allora potete affrontare un viaggio con mezzi pubblici.

- Per gli spostamenti in ambito europeo potrebbe essere conveniente affidarsi a Eurolines, società che gestisce una fitta rete di collegamenti d'**autobus** in 26 Paesi e che prevede anche l'acquisto di un pass per la libera circolazione nelle maggiori città della UE per 15 o 30 giorni.

WWW.

eurolines.com

- Altrimenti ci sono, ovviamente, le "consuete" offerte **ferroviarie**:

- la **Carta Rail Plus**, che prevede uno sconto del 25% per un anno su tutti i biglietti internazionali;
- l'**Inter Rail Pass**, che consente di viaggiare in 31 Paesi a tariffe agevolate;
- le offerte **Smart Price** valide per un numero predefinito di posti per un viaggio di corsa semplice su collegamenti internazionali stabiliti.

- Per quanto riguarda gli spostamenti interni, la cosa migliore è informarsi preventivamente sulla situazione e sui costi dei trasporti locali. Al di fuori delle città principali dovrete, in ogni caso, essere dotati di un po' di pazienza e di qualche competenza linguistica, dato che spesso la soluzione migliore è chiedere informazioni alla gente del posto. Difficilmente, infatti, il trasporto locale - soprattutto quello su gomma - è pensato per i turisti, cosa che, del resto, non fa che aggiungere alla vostra vacanza un pizzico di avventura, aumentando le possibilità di incontro con persone e luoghi inaspettati.

Usi e costumi
Paese che vai...

Sentite puzza di lezione di antropologia culturale? Non preoccupatevi, siamo quasi alla fine di questo manuale e non vogliamo certo deludervi proprio ora montando in cattedra con la bacchetta in mano. Quella che vi proponiamo è soltanto una divertente carrellata di usi e costumi di altri Paesi che potremmo fraintendere o che, se non conosciuti, potrebbero farci incorrere in spiacevolissime gaffe, se non peggio.

Dato che il mondo è grande e siamo più di sei miliardi, il nostro consiglio è quello di informarvi il più possibile sulle usanze di una popolazione prima di partire. Sarà agevole farlo con una ricerca in Internet, per mezzo di guide turistiche e anche parlando con amici, parenti, conoscenti ecc. Ma se questo non vi bastasse, sappiate che la "global etiquette" (come poteva mancare un anglicismo...) è un problema sentito in quest'epoca di turismo di massa e globalizzazione, tanto che potete trovare anche dei libri...

MANGIANDO

- In Corea ricordatevi che dovete aspettare che sia la persona di fronte a riempirvi il bicchiere.
- In Thailandia si usa poco il coltello e il cibo si taglia con la forchetta.
- In Indonesia la forchetta si usa solo per spingere il cibo nel cucchiaio.
- In Marocco ci si leccano le dita per dire che si è sazi.
- In Giappone prima di un pranzo viene offerta una salviettina calda che va usata solo per lavarsi le mani. Per mangiare si usano le bacchette e solo per il sushi si possono usare le mani, mentre si può sorbire la parte liquida di una zuppa direttamente dalla ciotola.
- In Cina e Taiwan le bacchette si usano anche come stuzzicadenti e non scandalizzatevi se questo *surplus* verrà poi sputato al lato del piatto.
- Nell'Est asiatico si raccomanda lo "slurping", quel tipico rumoreggiare che si produce sorbendo una minestra (i noodles nello specifico) e che è tanto gradito agli chef in quanto segno di apprezzamento (come un discreto e contenuto ruttino in alcuni Paesi dell'Africa e in Cina).
- Al momento di pagare il conto ricordate che dividere la spesa è considerato buona norma in Scandinavia, Olanda, Australia e Stati Uniti. In Cina ripartire il conto è offensivo: chi invita al ristorante pagherà il conto e apprezzerà molto se ricambierete l'invito.

CONVIVIALITÀ

- Se siete invitati a cena per le 8 siate puntuali in Germania, concedetevi dieci minuti di ritardo in Francia, ma non sognatevi di essere puntuali in Argentina o a Singapore: rischiereste di passare per degli ingordi impenitenti e famelici.
- In Svizzera, prima di bere, fate "cin cin" con tutti. In Cina, invece, guardatevi bene da brindare al suono di "cin cin" (è il modo con cui le mamme chiamano l'organo genitale maschile nel linguaggio infantile).

- Nei Paesi arabi un padrone di casa non dirà mai a un ospite di andarsene: sarà questi a dover capire quando la serata è conclusa.

GESTI

- In America Latina è molto maleducato non guardare il proprio interlocutore, mentre i giapponesi evitano il contatto visivo diretto con gli stranieri e nello Zimbabwe viene ritenuto maleducazione.
- In Bahrein si può chiamare qualcuno schioccando le dita e fischiando.
- In Colombia indicare una lunghezza con entrambi gli indici è un gesto volgare.
- In Egitto le persone dello stesso sesso si salutano con un bacio sulla guancia. Bacio da evitare assolutamente in Cina, come anche le "statunitensi" pacche sulle spalle e l'accavallamento delle gambe o mostrare la suola delle scarpe.
- Nelle Filippine si afferma "no" alzando le sopracciglia.
- In Messico è offensivo il gesto fatto con le dita a "V" sotto il naso.
- In Thailandia ogni movimento della mano ha un significato: la cosa migliore è, quindi, non gesticolare. Entrando in una casa, ma anche nei negozi, ricordatevi di togliere le scarpe.

UOMINI E DONNE

- Nel mondo arabo gli occidentali non devono fissare le donne (soprattutto se in dolce attesa, in quanto si crede che lo sguardo di uno straniero possa portare malattie) ed è invece comune che due uomini camminino mano nella mano in segno di amicizia (cosa che succede anche nelle Filippine).
- In Nigeria parlare guardando negli occhi una persona del sesso opposto è interpretato come un invito sessuale.
- Mai fraintendere i costumi apparentemente "aperti" delle donne tahitiane: in realtà sono religiosissime, del resto nel Sud Pacifico è pressoché sconosciuta la prostituzione, mentre l'omosessualità è spesso ben vista e incoraggiata.
- Mai stringere la mano, ricordatelo, a una donna coreana.

Vi siete già persi in questo dedalo di usanze a volte curiose?
Non importa, quello che conta è che abbiate capito che davvero "Paese che vai, usanza che trovi" e come sia necessario partire informati per rispettare i costumi del popolo che vi ospiterà. Avrete solo da arricchirvi...

I cibi del mondo

Un capitolo sul cibo in viaggio, ossia sulle tradizioni alimentari nel mondo, suscita sicuramente la curiosità di tutti e potrebbe dilungarsi per pagine e pagine. Questa non è la sede, tuttavia per capire come l'argomento sia davvero "sfizioso" vi basterebbe fare un po' di zapping su qualche canale satellitare: potreste imbattervi in un pasciuto americano alle prese con rana *sashimi* (cuore pulsante di rana), zuppa di nidi di rondine e molte altre... prelibatezze.

Perché una cosa è certa: l'uomo mangia qualsiasi cibo, ma non sempre quello del vicino!

E chissà se voi, nostri cari, temerari lettori-viaggiatori, ve la sentireste di fare onore alla cucina norvegese assaggiando il *lutefisk* (stoccafisso macerato nella soda caustica) o a quella cinese gustando uno stufato di topo e occhi di pesce... Forse no, eppure pensateci bene: non è poi tanta la differenza tra una cavalletta e un gambero e anche noi europei mangiamo cibi che potrebbero essere ripugnanti per molti: gli stessi statunitensi inorridirebbero vedendoci mangiare coniglio, considerato da loro un dolcissimo animale da compagnia... E, ancora, potremmo discettare sull'insalubrità di un menu del fast-food rispetto a un sano piatto di tarantole fritte (specialità della Cambogia) o di spiedini di scorpione (prelibatezza cinese).

Tutto questo – anche se vi avrà fatto passare l'appetito – non voleva essere un monito, ma un modo per stimolare la vostra curiosità nella consapevolezza che viaggiare può anche significare scoprire un mondo e una cultura a partire dalla sua cucina. Quindi – fatte salve le basilari norme igienico-sanitarie e scartati certi eccessi per noi chiaramente ripugnanti – non privatevi del piacere di aggiungere ai vostri ricordi di viaggio anche odori e sapori nuovi. Qualche piccolo incidente di gusto può essere pure divertente da raccontare!

NORME RELIGIOSE

Molte abitudini alimentari si legano a prescrizioni religiose che anche il turista deve rispettare per non offendere la sensibilità della popolazione ospitante. Perciò non mangiate cibi vietati o sacri e rispettate le festività e i digiuni, evitando di mangiare di fronte a chi sta digiunando.

Ricordate, quindi, per esempio che:

- gli induisti non bevono alcol e non mangiano carne di vitello o alcuni tuberi;
- gli ebrei non mangiano coniglio e maiale, frutti di mare e crostacei e il loro cibo deve essere preparato secondo precisi criteri (deve, cioè, essere *kasher*, ovvero "adatto");
- gli islamici non bevono alcol e non mangiano maiale, cavallo e asino.

NORME IGIENICO-SANITARIE

- Bevete solo bevande in bottiglia aperte davanti a voi, evitate il ghiaccio e le bevande annacquate. Eventualmente potabilizzate l'acqua con ipoclorito (10-20 gtt/l) o tintura di iodio (5-10 gtt/l).
- Evitate la verdura, i legumi e la frutta cruda, la frutta sbucciata, le macedonie e i frullati non sicuri.
- Attenzione alle uova, al latte, alle creme, ai gelati artigianali.
- Evitate pesci e molluschi crudi, ma anche insaccati e carni crude o poco cotte.
- Evitate sempre e comunque i funghi: sono molto pericolosi anche "solo" se scaduti!

Per il resto:
BUON APPETITO!

Salute in viaggio

Abbiamo già parlato delle vaccinazioni e delle profilassi da considerare prima di partire (*vedi* pp. 57-59) e delle accortezze da avere nell'assunzione di cibi e bevande (*vedi* p. 111). Affrontiamo ora altri problemi che possono insorgere durante un viaggio o una vacanza e i modi migliori per evitare complicanze.

FUSO ORARIO

- La variazione di fuso orario provoca spesso alterazioni del sonno e della vigilanza. In caso si passino 4 o più fusi può essere necessario un periodo di ripresa abbastanza lungo (pari solitamente a quello del viaggio in aereo). Quando si attraversano oltre 9 fusi il jet lag si riduce non prima di qualche giorno.
- Se il soggiorno o il viaggio è breve, mantenete l'orario del Paese di partenza.
- Attenzione alla copertura di farmaci e contraccettivi orali.

ALTITUDINE E FREDDO

- Evitate scalate (e generalmente altitudini elevate) se soffrite di problemi cardiaci o respiratori.
- Non raggiungete quote elevate troppo rapidamente. Nei primi giorni oltre i 3.000 metri è consigliabile salire per non più di 3-500 metri al giorno.
- Se insorgono i sintomi del “mal di montagna acuto” (mal di testa, insonnia, spossatezza, nausea), interrompete l’ascensione ed, eventualmente, scendete a valle.
- Attenzione alla pelle e agli occhi: il sole in alta quota (soprattutto se riflesso dalla neve) è molto forte e pericoloso.
- Le ascensioni oltre i 2.500-3.000 metri sono da evitare in gravidanza.

IL CALDO

- Attenzione ai “colpi di calore”, determinati da disidratazione e caratterizzati da sete, mal di testa, pallore e vertigini. Evitate sforzi fisici nelle ore più calde, indossate abiti freschi e chiari, coprite il capo, bevete molta acqua, evitate caffè, alcol e fumo.
- Attenzione all’esposizione al sole. Abbronzatevi in modo graduale proteggendo e idratando la pelle con creme adatte ed evitando cosmetici a base alcolica. Evitate l’esposizione se assumete sostanze fotosensibilizzanti (antibiotici, farmaci psicotropi, antinfiammatori ecc.)

I BAGNI

- Evitate i bagni in acque dolci e stagnanti.
- Non immergetevi in aree isolate e da soli.
- Nelle regioni lagunari proteggete i piedi da accidentali contatti con animali velenosi usando sandali, ciabatte ecc.
- Non sdraiatevi direttamente sulla sabbia: usate un asciugamano per evitare eventuali parassiti.

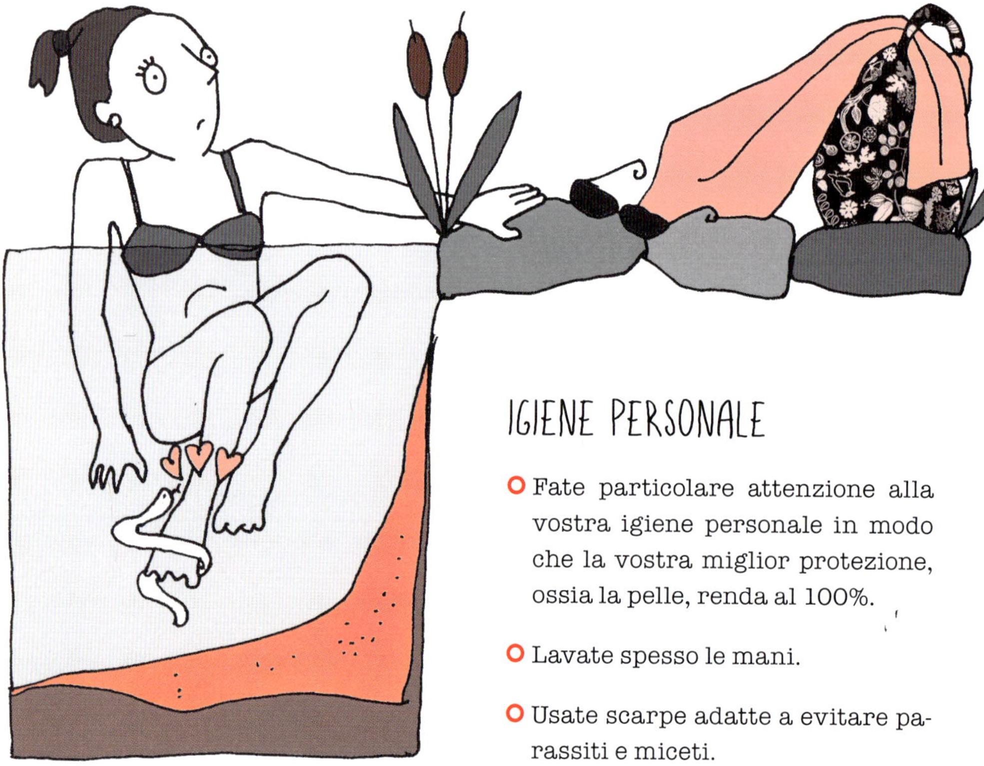

IGIENE PERSONALE

- Fate particolare attenzione alla vostra igiene personale in modo che la vostra miglior protezione, ossia la pelle, renda al 100%.
- Lavate spesso le mani.
- Usate scarpe adatte a evitare parassiti e miceti.

VIAGGI INTERNAZIONALI

- Malati cronici, anziani, portatori di handicap, bambini e donne in gravidanza è bene che, prima di partire, consultino il proprio medico.
- Le patologie cardiovascolari e gastrointestinali possono aggravarsi in un clima caldo.
- I portatori di handicap è meglio si informino preventivamente sui servizi medici che troveranno.
- I portatori di pace-maker devono fare attenzione ai radar e alle apparecchiature elettroniche di navigazione.
- Dopo un soggiorno prolungato in un Paese ad alta endemicità, è consigliabile una visita medica accurata.
- Sono da considerare controindicazioni ai viaggi: ipertensione arteriosa grave, scompensi cardiaci gravi, ictus o infarto recenti, angina instabile, drepanocitosi e/o anemia grave, epilessia non completamente controllata, insufficienza respiratoria seria, gravi disturbi mentali.

WWW.
salute.gov.it

Sicurezza

Sappiamo che ormai siete i viaggiatori più informati del pianeta, sappiamo che avete consultato guide e siti internet, che avete passato l'ultimo mese prima della partenza a studiare usi e costumi locali ecc. ecc., ma ancora non è tutto...
Ecco, quindi, che siamo ancora al vostro fianco (ma rasserenatevi: è per l'ultima volta) a sussurrarvi – ormai con una buona misura di intimità intellettuale – preziosi e indispensabili consigli per evitare problemi oppure per risolverli nel modo migliore possibile.

- Innanzitutto osservate le leggi locali, ma rispettate anche gli usi e i costumi. Non date nulla per scontato: ci sono Paesi in cui, per esempio, un minimo quantitativo di droga, una relazione extraconiugale o atti sessuali tra persone dello stesso sesso (e non solo...) possono crearvi seri problemi.

- Non fate il "turista": evitate atteggiamenti chiassosi, abiti poco convenienti, lo sfoggio di oggetti preziosi o di denaro. Evitate anche di fotografare ponti, linee ferroviarie, locomotive, aeroporti, impianti militari, quartieri poveri ecc.

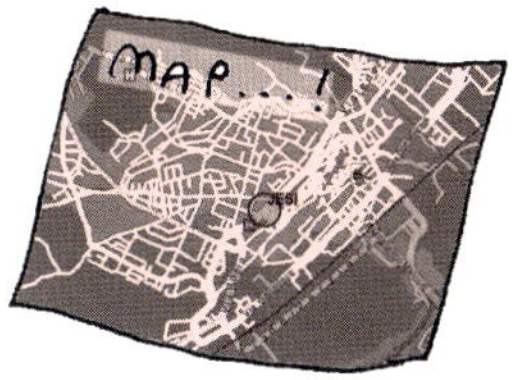

- Rispettate l'ambiente e la cultura del posto (non sempre è possibile esportare specie animali o vegetali o opere d'arte: informatevi preventivamente).

- Tenete i vostri familiari a conoscenza dei vostri spostamenti e, se sapete di qualche calamità successa nel Paese in cui vi trovate, rassicurateli prima possibile sulla vostra incolumità.

- Viaggiate sempre con tutti i numeri di telefono e gli indirizzi utili in caso di problemi (numeri dei vostri documenti personali e di viaggio, telefoni di banche, assicurazioni ecc., nonché recapiti di ambasciate e consolati).

- Documentate tutti gli eventuali disagi che vi sono occorsi per rendere poi più efficace un vostro reclamo e...

... MANDATECI UNA CARTOLINA!

Indice

Invito al viaggio 5

Tipologie di viaggio

PERCHÉ? 8
Che viaggiatori siete? 8
Il viaggiatore da villaggio 9
Il viaggiatore zaino in spalle 9
TEST PSICOATTITUDINALE 10
Turismo responsabile 13
Turismo culturale 16
Andar per eventi 18
Itinerari culturali 19
Prima il dovere... 20
Vacanze studio 21
Viaggi di lavoro 22
Visite agli amici e ai parenti 23

CON CHI? 24
Meglio soli che...? 24
Viaggio in coppia 24
In viaggio da sole 25
Viaggiare coi bambini 26
Dove 26
Prima di partire 27
Bagagli 29
In viaggio 30
In vacanza 32
I diritti del bambino in vacanza 33
Viaggiare con animali 34
Viaggio e handicap 36

La preparazione

IL VIAGGIO 40

Dove e quando 40

Il budget 41

Il clima 41

Scegliere la struttura 42

Albergo 43

Residence 44

Bed & Breakfast 44

Agriturismo 45

Campeggio 45

Ostelli 45

Viaggio organizzato o fai da te? 46

Prenotare 48

Aerei, navi ecc. 48

Strutture ricettive 49

Noleggio auto 50

Partire informati 51

LA BUROCRAZIA 54

Documenti e assicurazioni 54

Carta d'identità 55

Passaporto 56

Visti 56

Assicurazioni 56

Salute 57

Denaro 60

Assegni 60

Carta di credito 60

Banconote 61

Moneygram 62

Traveller's cheque 62

Assegni postali 62

Dogana 63

Dai Paesi extracomunitari 64

Dall'Europa 65

La vigilia

Quale bagaglio? 68
Trolley 68
Zaino 70
Sacca da viaggio 70
Valigia rigida 70
Cosa portare... Gli indispensabili 71
Soldi e dintorni 72
Documenti personali 72
Documenti di viaggio 72
E inoltre... 73
Qualcosa in più 75
Igiene personale 78
Varia utilità 78
Abbigliamento 78
Viaggio di lavoro 79
La farmacia da viaggio 80
Ultimi preparativi 82
La casa 82
Le piante 83

In viaggio

ARRIVANDO 86
Passare il tempo 86
Viaggiare in aereo 88
Come 88
Quando 88
Check-in 89
Volo 90
Sbarco 90
Viaggiare in nave 92
Acquisto dei biglietti 92
Check-in 92
Imbarco e sbarco 93
In nave 93

Viaggiare in automobile 94
Norme generali 94
Partire con la propria automobile ... 96
Noleggiare un'automobile 97
Viaggiare in camper 98
In viaggio 99
In sosta 100
Altri consigli pratici 100
Cicloturismo 101
Viaggiare con mezzi pubblici 102

STANDO 104
Usi e costumi. Paese che vai... 104
Mangiando 105
Convivialità 106
Gesti 107
Uomini e donne 108
I cibi del mondo 109
Norme religiose 111
Norme igienico-sanitarie 111
Salute in viaggio
Fuso orario 112
Altitudine e freddo 113
Il caldo 113
I bagni 114
Igiene personale 114
Viaggi internazionali 115
Sicurezza 116

PASSAPORTO

TOUR

PISCINA

Luna di miele

Avventura

DEPOSITO BAGAGLI

BAGAGLIAIO

MONETA

Obliterare

Reception

cuccetta

ORGANIZZAZIONE

BAGAGLIO A MANO

TRASFERTA DI LAVORO

FRETTA

CARTOLINA

ESCURSIONE

Dizionario

Relax

Souvenir

Treno

TAXI

finestrino

CAMBIO VALUTA

CREMA SOLARE

VALIgia

Bibita fresca

single

palma

Montagna

VACCINO

weekend romantico

MOSTRE

TROLLEY

PESCI

B&B

CAMPER

Festa

Ombrello

hamburger

GITA

DESTINAZIONE

CAPPELLO

DIVERTIMENTO

AUTOMOBILE

Chilometri

SACCO A PELO